谨以此书献给

圣洁的雪山和坚韧的人民

中 国 作 家 赴 玉 树 作 品 集

心通话语

中国作家协会 编

作家出版社

心通话语

采访团在玉树与灾后重建干部群众座谈

认真听取勒巴沟唐代壁画历史及受损情况介绍

作家聂震宁、杨志军、李鸣生赴玉树途中与黄河岸边的藏民交谈

在玉树结古镇甘达村采访搬入新居的农牧民家庭

时任中共青海省委书记强卫亲切会见采访团作家们

杨志军与活佛和当地
作家在草原上

彭见明等作家为即将开学
的孩子们写下殷殷寄语

作家阿来在玉树藏传佛教寺庙
灾后重建工地上与活佛交谈

作家毕飞宇站在玉树地震
遗址前沉思

女作家素素来到家乡辽宁援
建的玉树巴塘乡工地采访

徐剑、赵瑜等作家在玉树第
一民族中学重建工地采访

女作家邵丽、金仁顺与藏族
老妈妈互相祝福

作家李鸣生、杨志军在玉树结古
镇灾后重建工地采访施工人员

心迹

话语

作家与重建者们在中共玉树州委前合影

在玉树州第二民族中学采访时接受吉祥的哈达

听取玉树第二民族中学校长介绍校舍重建过程

玉树的格萨尔王雕像在地震中岿然不倒，
象征着不屈的玉树精神

缺氧不缺精神，作家阿来、素素认真听取援建人员介绍并做详细记录

在中建二局玉树灾后重建工地采访

在玉树新寨嘉那玛尼石经城参观采访

与辽宁援建单位干部职工在巴塘乡建设指挥部前

赴玉树途中翻越海拔 4824 米的巴颜喀拉山口

听取玉树州领导介绍灾后重建情况

途径黄河源头玛多县作家们签名留念

采访团在阿尼玛卿雪山前

目录

诗　歌

报告文学

序

吉狄马加

从2010年春天到2013年春天，三年过去了，又是几番草木枯荣，又是几度冬去春来；我们无法确定，对我们的生命来说，时间的脚步过于匆忙还是过于缓慢。

从玉树那个受伤的黎明到高原这个花开的午后，三年过去了，灾难与重建并存，记忆和希望共生；我们终于明白，对我们的心灵来说，时间的河流不只是沉淀了痛苦，更创造了生活的绿洲。

青海玉树，这片高峻的土地让我们折服和赞叹，因为它孕育了滋生东方文明的大江大河；这片神秘的土地让我们留恋和向往，因为它诞生了美丽的歌舞爱情与多民族古老的生存故事；这片英雄的土地让我们牵挂和敬仰，因为它曾在灾难中浴火重生用人性的光芒照耀世界。

青海玉树地处长江、黄河、澜沧江三大江河之源，是一个自然景色壮丽、民族风情浓郁、生态地位举足轻重的大美之地，也是独具特色的中国藏文化的孕育和传承之地。2010年4月14日，发生在青海玉树的强烈地震，震撼了三江源头的土地，更震撼了亿万人的心灵，成为全社会和全国人民的伤痛，同时也引起国际社会的广泛关注。玉树抢险救援以及灾后重建的壮举，彰显了党和政府强大的动员力、执行力和万众一心的奋斗精神，昭示了中华民族英勇无畏、顽强自信的深厚力量，也谱写了各民族血脉相连、大爱无疆的时代颂歌。依靠党的关怀和国家的力量，我们以飞机转运伤员最多最快、伤亡人数减至最低的成效，创造了世界高海拔灾难救援的奇迹；依靠全国人民的团结奋斗和爱心凝聚，我们书写了中华民族生死与共、重建家园的光辉篇章；面对国际社会的人道主义支持和广泛舆论关注，我们成功树立了自信、开放、坚强、众志成城的良好形象。

玉树地震发生后，每个地区、每个行业、每个人都以自己的方式为灾区和灾区人民送去关爱、支持和希望。中国作家协会和青海省作家协会，也在第一时间迅速行动，组织著名作家、诗人赶赴灾区，深入抗震救灾一线，亲历苦难和抗争的场景，感悟生与死的启示，体验民族生活和情感，在最短的时间里创作出一批感人至深的优秀作品，用心灵和智慧向玉树人民奉献了他们的深情厚谊。他们以宏大的高原自然和独特的民族文化为背景，面对突如其来的自然灾难，用生动的语言讲述党和政府的关怀，用真诚的诗意歌颂中华民族战胜灾难的勇气和信念，用深切的人道主义关怀传达人们超越灾难、战胜痛苦、重建家园的民族情、兄弟爱。

玉树地震之后，大规模的重建工作迅速、科学、有序地全面展开。通过大量关于玉树重建的新闻报道，我们知道，来自全国各地、各行业的建设者们，同玉树各族人民团结一心，经过三年的艰苦奋斗，已经在医疗设施、教育设施、文化设施、人民生活设施、城市基础设施等各个方面，取得了决定性的成就。可以确信，到2013年末，一个生态美好、特色鲜明、经济发展、安全和谐的社会主义新玉树将屹立于三江源头，它将成为一颗重新焕发光彩的高原明珠。

在关注新闻报道的同时，我们也更加希望从感性的、诗意的、细微的文字中体会玉树的深邃、感悟玉树的灵动。因为新玉树建设既包括物质家园建设，也包括文化家园和精神家园的建设。共同经历一种特殊的、心灵的生动，或许这正是我们对文学家的期待。中国作家协会和青海省作家协会共同组织著名作家三次赴玉树采访灾后重建，让我们得以跟随这些细腻的心迹和敏锐的话语，走进新玉树脉动的节律。

“玉树灾后重建，极艰难，亦极壮丽。”（何立伟）也正是在这艰难的壮丽之中，作家看到“未来的玉树，正在世人期待的目光中，渐渐揭开面纱。”（尹汉胤）他们的脚步深深地踏入生活。“精神大爽的我和同行的作家们一起，收集着灾后重建的许多动人故事，在我密密麻麻的笔记本上，分明流淌着一种瀑布般的精神，我收拾起它们，感觉到了精神的重量。”（徐风）同作家站在一起，面对这艰难中的壮丽，承受着这精神的重量，我们的灵魂受到洗礼、受到震撼。显然我不能在此一一描述作家们的心迹和话语，但是我相信，阿来的追求表达了我们与作家共同一致的精神需要：“我来到这里，不止是因为结古镇这个古老城镇正如何成为一个新生的样板。更因为我一直在从因虔敬的固守而踟蹰难前的文化中，寻找格萨尔史诗中那种舍我其谁的奋发精神与心忧黧首的情感馨香”。

的确，这些早已享誉国内外的作家们，并没有因为自己既有的名望和成就而轻浮或者自傲，相反，他们行走在玉树的土地上，行走在玉树的生活中，如同虔诚的信徒充满敬仰，如同回归的游子饱含深情。他们全神贯注地眺望与倾听，更在这深邃广阔的背景中反观内心叩问灵魂。他们的心迹和话语成就了我们手中的这本书，成就了玉树精神家园的一部分，这是玉树文化建设一笔宝贵财富。

玉树的物质家园建设已经蓝图再现，玉树的文化家园建设依然任重道远。我们热切期待、并且坚定相信，有党和政府的关怀，有社会各界的支持，有艺术家、文学家、诗人和各界文化工作者的热情投入，通过充满智慧的文学艺术创作和文化创意，在青藏高原独特的人文与自然环境中，在玉树优秀传统文化和独具魅力的民族生活基础上，一批思想性、艺术性高度统一的文化精品必将诞生，一个文化繁荣、生活温馨、人与自然和谐的玉树新形象，必然会让世界为之喝彩。

2013年4月15日 青海

散文

玉树，你牵着我的心……

何建明

玉树，你有一个令人羡慕的好名字，曾经无数次拨动过我情感的心弦。三十年前，我有一个战友就在你那里，他告诉我，你是一片神奇的土地，喷香的奶茶、淳朴的藏民、绿色的高原，还有那素面朝天、高立于山腰间的寺庙……

分别后的战友曾经多少次邀请我去你那儿，却因工作缠身终不能成行。渐渐地，你成了我心中一个遥远的符号。突然，在今天，你猛地将我从睡梦中惊醒——啊，你竟然在地震的灾难中受痛吃苦……

作为一名曾经的军人，我经历过1976年唐山大地震和那次的抗震救灾；作为一名作家，我经历过“5·12”汶川大地震时的四次采访与抢险。现在，我多么想飞到你的身边，去为你受灾的儿女们尽一份力，哪怕是帮他们拍一拍羊袍上被废墟沾满的尘土，或者给那些因为房屋倒塌而失去课本的孩子送上一本书……

着急呵，于是，我一天无数次地拨动我的手机，通过各种途径，去寻找我曾经的那位在玉树的战友。那份担心，就像是自己的亲人遇到了不幸和灾难一样。

在玉树地震两天之后的傍晚，突然有另一位战友告诉了我一个手机号码，说这就是我们在玉树的那位战友的号码。于是，我赶紧拨了过去：“喂，喂喂，你好，我的兄弟！你在玉树吗？你和家人都好吗？没遇到什么大事吧？”

"谢谢，难得你和战友们牵挂我。我和家人都好……房子虽然塌了，但没有生命危险。对不起，现在我要去参加抢救遇难的同事们，过些日子回电你们……"我的战友就这样关上了手机。从此之后，我一直没有接到他的回电。

他去抢险救灾了！后来，任凭我一次次地拨打他的手机，也没有回音，总是关机。

于是，我只有通过电视画面，去寻觅我的战友和地震灾区的情况。这样的日子很难受，甚至有巨大的担忧，我怕各种可能，因为唐山大地震和汶川大地震都曾经深深地刺痛过我的心——我的多名战友在那两次大地震的抢险战斗中献出了宝贵的生命！我不想再失去自己亲爱的战友，我们已经不年轻了，我们的孩子也快有自己的孩子了。人至中年，情愫悠长……

"报告老战友，我现在已经到达玉树了。我们武警部队已有千人队伍抵达这里，开始加入抢救被埋群众的战斗……"这是身为大校的一位武警战友，突然在前几天的深夜给我发来的一个短信。

一阵惊喜后，我赶忙顺着他的短信拨回他的手机，但就是不通。这是为什么？难道他……我不敢多想，不敢深想，因为，曾经在唐山大地震时，我眼巴巴地看着数位战友在抢救群众的现场，倒下了，并且永远没有回到我们的队伍中来！

玉树啊，你让人如此牵挂——牵挂你千千万万遇难的群众，牵挂我那些因你而投入战斗的战友！

于是，我的每一天时间里，除了工作和吃饭，总将眼神停留在电视、报纸和网络上。我不敢轻易离开它们，是因为我不想看到和听到更多遇难群众的数字上升，更不想看到和听到战友们的任何不测的信息……

"快，快来看，这不是你的战友吗？"今天是4月17日，周末。

家人突然将我从书房叫出，指着电视屏幕喊起来。

可不！这是中央电视台新闻频道的“现场直播”节目画面。“在哪儿？我的战友在哪儿？”我紧张得似乎有些窒息，眼神一直盯在玉树那座倒塌的宾馆现场……

“同志们，再努力一把，一定要把这儿的人救出来！”镜头前，一位公安消防领队的少将在振臂动员。呵，老兄呀，你也在现场啊！我惊喜地叫了起来：原来是我的另一位在公安系统的战友，他也在玉树地震抢救现场啊！这不由让我想起了前年在“5·12”大地震时，我们肩并着肩，一起奋战在北川县城的那些艰苦的日日夜夜。

“快看，那不是你的大校战友吗？”家人又一次叫起来。这时，一个挂着大校警军衔的军人，正同一群战友，小心翼翼地将一名藏族小姑娘从废墟里抢救出来，那是个万人欢呼的场面！

而我，则在这个欢呼的现场的另一侧，看到了那位20年未曾

谋面的战友。此刻的他，已独自端坐在一堆废墟上喝着矿泉水，看样子已经筋疲力尽。如果不是他带着胜利者的眼神在向电视台的记者介绍情况，我无论如何也想不到，他就是当年在我手下工作的那位生龙活虎的年轻战士。

玉树啊，你因一场地震大灾而成为万众瞩目之地。抗震救灾的战斗依然在进行之中，而我的心依旧每天在关心你，牵挂你，那是因为那里不仅有千千万万受灾的人民群众，还有我亲爱的战友们……

玉树记

阿来

1

自西宁起飞往玉树。

起得早，刚在座位上打了个盹儿，飞机着陆时猛一颠簸，醒来就听广播里说：玉树到了。

一出机舱门，就是晃得人睁不开眼的阳光。几朵洁白得无以复加的云团停在天边，形状奇异。云后的天空比最渊阔的海还幽深蔚蓝。几列浑圆青碧的山脉逶迤着走向深远。这就是高旷辽远的青藏。走遍世界，都是我最感亲切与熟稔的乡野。辽阔青藏，即便百次千次往返我都永远感到新鲜。辽阔青藏，无论置身在任何一处，无论曾多次到来，还是从未涉足，心中都会涌起一股暖流。如果放任自己，可能会有泪水湿润眼眶。我并不比任何人更多情，只缘这片大地于我就是有这种神奇的力量。

一只鹰在天际线上盘旋。

也许并没有这只鹰，我就是会“看见”。我抬头，那只鹰真的悬浮在天边，随着气流上升或者下降，双翅阔大，姿态舒缓。

大多数时候，我在别一族群的人们中生活与写作。在他们中间，我是一个深肤色的人。从这种肤色，人们轻易地就能把我的出生地，我的族别指认出来。

现在，在机场出口，更多比我肤色还深的当地同胞手捧哈达迎了上来。我这个人，总是受不住过于直接而强烈的情感冲击，于是迅速闪身躲到一边。最终还是被推到迎客的酒碗面前。姑娘高亢的敬酒歌陡直而起。面前的三只小银碗中，青稞酒晶莹剔透，微微动荡，酒液下的银子，折射光线，如那歌声与情意：纯净、明亮。我深吸一口气，让自己平静，同时感到，身体内部，某处，电闸合上了，情感的电流缠绕，翻卷，急速流淌，我端起酒碗的手止不住轻轻颤抖。

就这样，我来到了玉树。

我来到了这个在藏语的意义里叫“遗址”的地方。

玉树，和玉树州府所在地结古镇，因为一场惨烈的地震让世界听闻了她的名字。我在一篇叫做《远望玉树》的小文里写过，“记得某个夜晚，好大的月亮，可能在几十公里开外吧，我们乘夜赶路，从一个山口——在青藏高原，这通常就意味着公路所到的最高处，遥遥看见远处的谷地中，一个巨大的发光体，穹窿形的光往天空弥散，依我的经验，知道那是一座城，有很多的灯光。我被告知，那就是玉树州府结古镇了。但我终究没有到达那个地方。在青藏高原上，一座城镇，就意味着一张软和干净的床，热水澡，可口的热饭菜，但对于一个写作者，好多时候，这样的城镇恰恰是要时常规避的。因为这样的地方常常会有与正在进行的工作无关的应酬，要进入与正在进行的工作相抵捂的话语系统。对我来讲，这样的旅行，是深入到民间，领受民间的教益，接受口传文学丰富的滋养。但那时就想，终有一天，结束了手里的工作，我会到达她，进入她。”

是的，我不止一次从远处望见过这个镇子的灯光。

从附近的称多，从囊谦。

现在，在这个阳光强烈的早晨，我终于到达了。从机场到结古镇的路上，一个深肤色高鼻梁的康巴汉子坐在了我身边，我的手被有力地握住："老师有什么事情就告诉我们，要见什么朋友也请告诉我们。"

这是个我不认识的人，但分明又十分熟悉。我们这个民族中的绝大多数人，仅凭身上那一点点相同的气息，就能彼此相认相亲。我说谢谢，但我不是老师。我开玩笑说，托时代进步之福，靠卖文为生，我还能养活自己，我不用兼职做家教，所以，请不要叫我老师。其实，我想说的是，当我面对自己坚韧的族群自己的同胞，我从来都只感到自己是一个学生，雄浑广阔的青藏高原，就是给我一千年时间来学习，也并不以为能将其精神内核洞穿。

我只说了一个名字，一个民间说唱艺人的名字。那是一个给过我帮助与教益的人，我说，我要去看望他。

2

路上，车里，主人在介绍一些玉树的基本信息。提到结古镇在藏语中的意思是"货物集散地"。在一千多年的时光中，这个古镇处于从甘青入藏的繁忙驿道上。这条古道有一个如今成为一个流行词的名字：茶马古道。也有一条渐渐被忘记的名字：麝香之路。这也是一条文化流淌与交汇之路。所以，这个古镇，曾经集散的岂止是物质形态上的商品。经过这个镇子进入的，还有多少求法之人；经过这个镇子走出的，还有多少渴望扩张自己视野与世界的人？

前面有着稀疏白杨树夹峙着河岸的山谷中，一团尘雾升起来，我知道，结古镇就要到了。是的，那些尘雾正是从正在重建的结古镇，从整个变成了一个大工地的结古镇升起来的。

很快我们就进入了那团尘烟。高原的空气那么透明，身在尘烟之中而尘烟竟消失不见。

工地总是这样，浮土中印满车辙。各种机械轰鸣着来来往往。节节升高中的，已显示出大致轮廓的建筑上人影错动，旗帜飘扬。未来的学校，未来的医院，未来的行政区，未来的商厦，未来的住宅，我们穿行其间。没有地震废墟，只有渐渐成形的建筑在生长。这里是青海。我想起了成就于青海也终了于青海的诗人昌耀的诗句：

“钢管。看到一个男子攀援而上
将一根钢管衔接在榫头。看见一个女子
沿着钢管攀援而上，将一根钢管衔接到另一根榫头。
他们坚定地将大地的触角一节一节引向高空。
高处是晴岚。是白炽的云朵。是飘摇的天。”

那是诗人写于上个世纪那令人鼓舞的八十年代的诗。现在，却正好描摹着眼前的情景。就是这样，被强烈地震夷为平地的结古镇正在生长，飘摇的天让人微微晕眩。

那个挖掘机手，轻轻一按手里的操纵杆，巨大的挖斗就深掘地面。那个开混凝土罐车的司机，不耐路上车流的拥堵，按响了声量巨大的喇叭。喇叭声把路口那个疏导拥堵车流的年轻交警的呼喊声淹没了。

这样的情形令我感动。

工地的间隙里是板房中的小店。饭馆。四川汉族人的饭馆。青海藏族人的饭馆。撒拉人的清真饭馆。肉店。蔬菜店。电器店。旅馆。生活还在继续，热气腾腾。不像我去过的别的灾区，浩劫之后有一种哭诉的情调。驰名整个藏区的嘉那石经城在地震中倾圮了，但虔诚的信众们并不以为那些刻在石头上的六字真言，那些祈祷文，那些整部整部经卷的功德与法力会因此而稍有减损，人们依然手持念珠绕着石经城转圈、祈祷，为自己，为他人，也为整个世界。

我也因这样的情形而感动。

当然也听到好多生命毁伤、家破人亡的故事。但人们只是平静地述说，就像在述说遥远的故事，就像这些故事不是亲历，而只是听闻，是转述。活脱脱就是流行在青藏高原上那些口传故事的风格。讲这些故事的，有失去了不止一位亲人的人，有失去了自己刚建成不久的颇具规模酒店的人，有震中受重伤，身上的一些关节被替换成合金构件，回到工作岗位就服务于众人的人。还有一位一定要在震后的玉树办起一份文学杂志的朋友。我没有看见有人流下过半滴眼泪。反而，我看到很多的平静与微笑。我喜欢这种平静中的达观。中午，和几个当地朋友在板房饭馆里喝些啤酒。说过了生命与财富的毁伤，沉默半晌之后，大家开始摇晃着身体，齐声歌唱。

高原上难得的温暖季节依然如期而至，草地碧绿，百花盛开。我四处走动，看到人们依然按照习惯，在靠近漫漶流水的草地上搭起帐篷，外出野餐。当我在附近的小山上把镜头对准一丛丛点地梅细密的小花时，从河谷中的野餐地，有悠远的歌声传来。歌声从谷地中升上来，达到与我平齐的高度，稍作盘桓，又继续上升，上升，一直上升到了比身侧的岩石峰顶更高的天上。我趴在馨香的草丛中，用镜头对准细碎的花朵，取景框中，焦距始终模糊不清。扶摇而上的歌，调子与词句我都非常熟悉，但那一刻，我却因为心头涌起的热流而泪光闪烁。

一位年轻的活佛，定要请我到他家里做客。他让我坐在比他高的座位上，亲手为我沏茶。然后，打开电脑听他新写的歌。他说，他要写出一种歌，采用流行的方式，不是一般的情爱表达，而是有宗教感的，要有对于生命和对宗教本质的感悟与思考。也许，他的歌与他的追求间尚有距离，但我想，催生他想法的这些因缘，同样也将是我从这块土地上领受的深厚教益。能有机会在这样一块土地上，沉潜于自己的族群和文化之中，做一个学生，并不断收获新知识新感受，是上天对我的厚爱。

3

就在那天上午，穿过喧腾的工地，穿过那些劳作的人群，穿过被阳光照得闪闪发光的尘土，一幢三层楼房出现在眼前。汶川地震后，我去过许多被瞬间的灾变损毁的地方。因此熟悉建筑物上那些狰狞的裂纹，知道是怎样的力量使这座建筑在一楼和三楼保持住基本轮廓的情况下，之间的二层如何几乎消失不见。我们被告知，这将是整个结古镇惟一保留的地震遗迹。我还进一步知道，震前，这座建筑是一家以伟大的史诗主人公格萨尔命名的宾馆。格萨尔史诗是属于全体藏族人的伟大的精神遗产。格萨尔更是康巴人的英雄——他出生在康巴，建功立业也多在康巴大地，在康巴人的心中，英雄受到加倍的崇仰。所以，我推测，这座以格萨尔命名的建筑作为纪念物得以保留，不仅仅只是因为这座建筑所留下的地震毁坏力的骇人印迹。

几年前，我曾在这座城镇四周的草原上搜集英雄的故事。就在那时，我就听人们不止一次提起这个镇子上的格萨尔广场。不止一次，有人向我描述那个广场中央威武的格萨尔塑像。我在想象中不止一次来到那尊塑像面前。我甚至把这个广场与塑像写进了我的也叫《格萨尔王》的长篇小说。我寻访英雄故事的时候，没有到达结古镇。但我小说中，那个追寻英雄足迹的说唱人晋美到达过这个广场。

在这里，说唱人晋美与要跟他学习民间音乐的年轻歌手在此分手。

“他们又到达另一个号称是曾经的岭国的自治州了。

他们从山坡上下来，贴地的风从背后推动着，使他们长途跋涉后依然脚步轻快。地上的风向北吹，天上的薄云却轻盈地向东飘动。这个城市的广场很宽阔，两个人坐在广场上英雄塑像基座前的喷泉边，看人来车往。年轻人说：老师，我们该分手了。他还要给他一些钱。晋美拒绝了。他的内心像广场一样空旷。身后，喷泉哗然一声升起来，又哗然一声落回去。他说：调子是为了配合故事的，为什么你只要调子，不要故事……

年轻人弹着琴歌唱。他唱的是爱情，他看见年轻人眼中有了忧郁的色彩。开始他只是试着低声吟唱，后来，琴声激越起来，是他教给他的调子，又不是他教给的调子。这使他内心比广场更加空旷。

……晋美起身了，歌手一旦开始歌唱，就无法停止。歌手用眼光目送着他，那眼光跟歌唱的爱情是一致的，无可奈何，但又深情眷恋。当整个广场和人群都在晋美背后的时候，他流泪了。”

在相当大的程度上，我也是一个说唱人。我不自视高贵。这个世界从来就是权力与物质财富至上，在当今时代，这一切更是变本加厉。但我坚持相信，无论是一个国，还是一个族，并不是权力与财富的延续与继承，而是因为文化。因为那些真正作为人在生活的人，由他们所创造所传承的文化。我以为自己的肉身中，一定也寄居着说唱人的灵魂。我不自认高贵，但我认为可以因此从权力与财富那里夺回一点骄傲。

现在，我来到了这个广场。我早已从地震刚刚发生时那些关于玉树的密集的电视新闻中，知道了所谓喷泉是出自于我的想象。但那座英雄雕塑一如我的想象。这个形象在那些古老唐卡中我曾多次遇见。但在这里，这个形象变得如此立体，坚实的基座上，那黝黑的金属铸成的人与马，与兵器与盔甲如此浑然一体，威武庄严。那么猛烈的地震，没有对这座塑像有丝毫的动摇与损伤。我当然要为此献上一条哈达，和我内心一些沉默的祝祷。我当然很高兴和当地的同胞一起在塑像前合影留念。格萨尔的英姿高高地矗立在我们身后，背后，是深远的蓝空和洁白的流云。做过一个梦，在拜读一位喇嘛诗人的诗句，惊奇他突然摆脱了那些陈腐的修辞，把流云比作精神的遗韵与情感的馨香。

4

我来到这里，不止是因为结古镇这个古老城镇正如何成为一个新生的样板，更因为我一直在从因虔敬的固守而踟蹰难前的文化中，寻找格萨尔史诗中那种舍我其谁的奋发精神与心忧黧首的情感馨香。

因为这种奋发，松赞干布的大臣去到了大唐。

因此，一个美丽女子走上了从大唐长安到吐蕃都城逻些的漫漫长途。因为这位唐朝公主的经过，结古这个今天还焕发着生机的名字从深沉的史海中得以浮现。一千多年！我们在板房中任手抓羊肉慢慢冷却，任杯中啤酒泡沫渐渐消散，嘴里感叹着：一千多年！即便这一千多年来，我们可能不断转生，但失忆的我们，只能记得此生这几十年的我们，并不真正知道一千多年是怎样的悄然流逝同时又贯通古今。我们的生命无从体验那样的纵深感。但我们知道，在时间的长河中，聚集的财富消失了，权力的宝座倾圮了，流传至今，只是深潜的情感与悠久的文化。

又一天的太阳照亮了大地。

玉树的新朋友把我带到了浩浩荡荡的通天河边。他们好意，不让我只去看一个又一个重建项目。他们相信，物质的重建会很快完成，但文化方面的重建会更加漫长与艰难。所以，他们还邀我去看看风景与文化遗存。我们来到通天河边的肋巴沟口。大河水深沉地鼓涌着向东南而去。河岸上，那些草地与绿树被太阳照得闪闪发光。我们去看一面摩崖石刻。向河的石壁上，浅浅的线条勾勒出一尊说法的佛。佛头上有一轮月晕般的浑圆光圈。佛像的风格与镌刻方式透露出久远年代的气息。更加显出年代特征的是，说法佛侧下方那个戴着吐蕃时代高筒帽的男子，和与阎立本画中一样留着唐代女人发髻的面孔浑如满月的女子，她的手中，还持着一枝开放的莲花。

文成公主从唐蕃古道入藏时，曾在玉树的结古一带作较长的休整。传说这壁说法图就是她留下的。那么，那个顶着唐式发髻者，是她为自己所作的造像吗？佛法从印度兴起，绕过青藏高原，东渐汉地，所谓“佛法西来”。这时，佛法又从东土向西而去，并在西去途中，在此留下了清晰的印迹。

瞻礼之时，当地的朋友争相为我解说，使我深感温暖。

然后，我们溯汇入通天河的飞珠溅玉的肋巴沟溪流而上。沿途，满溢着碧绿草木的馨香。一千多年前，文成公主踏上了这条道路。而这条道路显然比一千多年前更古老。一千多年后，这条路还像新开掘出来一样，前些天的雨水在泥路上留下清晰的冲刷的痕迹，裸露的石头干干净净。路边开满了野花：鲜卑花、唐松草、锡金报春……一个偏僻辽远的所在，那些草木的命名中，也强烈暗示着遥远地理间的相互关联。然后，又是一处摩崖造像。那是另一位入藏和亲的唐朝公主留下的遗迹。瞻礼如仪后，我们继续往前。

地势渐渐升高。溪谷也越来越开阔。随着海拔升高，植被也迅速变化。一丛丛硬枝灌木出现在高山草甸上：开粉色花的高山杜鹃，开黄色花的金露梅。这些开花的灌丛，从眼前一直铺展到天际线上。更宽广的草甸上，是紫色的紫菀的天下，是白色圆穗蓼的天下。我热爱青藏高原上的旅行：自然中包藏着文化，文化在自然中不经意地呈现。我问陪同的主人，有没有带上些干粮。回答是没有。我遗憾不能来一顿草地野餐：盘腿坐在草地上日光下，背后是雄浑的走向辽远的山脉，面前是叮咚有声溪流。就这样，不过一个小时，我们就来到了海拔四千多米的山口。背后的峡谷向东南而去，而面前另一道峡谷向着西北方敞开。

顺着蜿蜒的公路下到峡口，是香火旺盛的文成公主庙。

我这个人，不太喜欢进种种庙宇。作为一个身上天生就有宗教感的人，却总对处于我们与宗教的终极关怀间、我们与神祇的昭示间的神职人员保持着某种警惕，也并不以为那些庙堂中享受香火的偶像真能代表那些缥缈深沉的神祇。但在此地，风振响着满山的经幡，还有好些人在庙后的小山顶上播撒风马。我脱鞋揭帽，进到庙里，但没有匍匐在崖龛中的佛像跟前，只在心中瞻礼如仪。然后，伸出双手，两个年轻喇嘛把取自龛后的清冽泉水倾倒在我掌上。

我小饮一口，一线清凉直贯胸臆。我以为，自己的身，越过了语，直会了意。

然后，我们去到巴塘乡的重建工地。

5

怀着感动与敬意，从巴塘乡重建工地出来，已是六点多钟，夕阳西下。高原的大地在这样的光线下更显得邈远深广。那些耸峙在宽广草原尽头的岩石峰峦都在闪闪发光。

忍受着强烈高原反应一起采访的同行该回去休息了。我对主人提出了新的要求：去看看草原上的鲜花。

三四年了吧，我一直在追寻高原花草的芳踪，高原植物学成为我一门业余功课。是四年前某一天，川藏线上，站在一座雪山垭口，对着身边那些摇摆在风中的种种花朵，我突然发现自己对这些严酷自然环境中的美丽生灵一无所知，和绝大多数人一样，我连它们的名字都叫不出来。我突然因此感到惭愧。说自己如何热爱这块土地，却对这块土地上的许多事物一无所知。这个时代，爱成了一个任何人都可以轻易脱口而出的词语，同时，却对于倾吐热爱的对象茫然无知。

爱一个国，不了解其地理。

爱一个族，不了解其历史。

爱一块土地，却不了解大地集中所有精华奉献出的生命之花。

因此，一个伟大庄重的词终于泛滥成一个不包含任何承诺，也不用兑现的情感空洞。

我决定不再容忍自己身上的这种荒唐的情感。

从此，当我在青藏高原这片我视为自己的精神高地上漫游时，吸引我的不再只是其历史、其文化，以及由历史与文化所塑造的今天的族群的情感与精神秘密。我也要关注这土地上生长的每一种植物。从此，不止是一个一个的人，而是每一种生命都要成为我领受这片土地深刻教益的学习对象。

所以，我现在要去拜会那些在这个短暂的美好季节里竞相盛放的花朵。我很高兴，新结识的当地朋友乐意陪伴我。我们调转车头，向草原深处驶去。我很高兴能把一种种自己认识的草木指示给这些比我年轻的朋友。

在这个高度上，已经没有了树木生长。于是，总是用藤蔓缠绕与攀爬的铁线莲失去了上到高处的依凭，在公路两边的砾石中四处铺展，同时奋力高擎起铃铛般的黄色花。

而一层层叶片堆叠而上，奇迹般长成一座座浅黄色宝塔的苞叶筋骨草。一枚枚精巧的唇形花就悄然开放在层叠而上的苞叶下面。

当我们停下车来，草原上细密的白色小花从面前铺展开去，直到视线尽头山峰浓重的阴影中间。那是白花刺参。带刺的叶片间坚立起一根带楞的长茎，顶端举着数朵一簇的象牙白的唇形花。我趴在草地上，从镜头中注视这些花朵如何反射黄昏将临时那最变幻迷离的光线。我用微距镜头表现它们的细部特征，再换上一只广角镜头，表现这些美丽生灵的广布与纵深。

直到夕阳西下，最后的一片光线紫红的阳光消失时，仿佛听见六弦琴一声响亮的拨弦后余音悠远。

晚上，在没有桌子的板房中，趴在床边在电脑上整理这些照片，竟忘记约了那位为我演唱过格萨尔王传的民间艺人来谈话。他也不来打搅我。竟在院子中等到半夜三点！

在玉树，那么多美好的印象应接不暇。最令人难忘的，还是这些真诚朴质的老朋友与新朋友们带给我内心的温暖。正是如此醇厚的温暖让这回短暂的走访显得更加短暂。

怀揣着那么多的感动，真的要离开了。

玉树，在此之前，我曾经拜访过它西北部的平旷荒野，也曾经游历过它偏南方向横断山区最北端的高山与深谷。现在，我又来到了它的心脏结古镇。来的时候，迎接我们的有酒，有歌。送别的时候，也是一样。可以说这是一场送别的盛宴吗？食物其实非常简单：现煮的牛肉和羊肉、油炸馓子、酸奶、青稞酒。但的

确是一席盛宴。地点经过精心安排。开满了紫菀与毛茛的草滩上，一座美丽的白布帐篷，四壁挂着当地的摄影爱好者们精美的作品。还有那么美妙的歌声与敬酒。这些是灾民也是重建者用他们的豁达与乐观让我们领受一种文化的伟大力量。

这是最难分手的时候，我却再次要求几个朋友提前出发。再去看看机场路沿途那些前些天不及细看的花草。

我记得那一丛丛紫色的鼠尾草。

我的家乡距此将近两千公里。但那几位当地的朋友也和我一样，曾在童年时，把这些漂亮的管状花从花萼中拔出来，从尾部细细啜吸花朵中蕴藏的花蜜。现在，这些花一丛丛开放得那么茂盛，在强劲的高原风中不停摇晃。我拍下了它们美丽的身姿，在流云如浪花翻拂的高原的蓝空下面。我加大相机的景深，把丛丛蓝色花背后的河谷中通向深远的路，和一段高耸的陡峭河岸纳入背景。

几分钟后，我就将从这条路上去往机场。

我不想说再见。我对这些新朋友说，我还要再来。一个人来。我说出一个又一个的地名，都是玉树这片雄阔高原上，我从未到过的地方。还有一些，是去过了，但还想再去的地方。

我们正日渐廓清文化的来路，却还并不清楚文化去向未来的路径与方向。我相信，这个答案，只能从民间新生活中那些自然的萌芽中得到启发。能够找到吗？我不肯定。我惟一知道的只是，我们不能因此放弃了寻找。

玉树两题

熊召政

嘉那嘛呢石经城散记

雄奇的山川虽然能给人以磅礴的震撼与瑰丽的享受，但建筑于山川之上的文化与宗教的标志，往往给人留下更加长久的记忆。毫无疑问，藏族地区的嘛呢堆就属于这样的标志。

第一次见到嘛呢堆，是在念青唐古拉山口。一个方形的石堆，下宽上窄，由厚薄大小不一的块石堆起。四周斜拉着一些彩色的布条。那山口海拔5200米左右，站一站都感到呼吸困难，如果向上攀爬几步，更感到头痛欲裂。可是，藏民却是徒步走过这里，随身还要携带一块嘛呢石，放在嘛呢堆上。那种勇气与毅力，的确让我钦佩。

兹后，在西藏、四川、云南、甘肃等藏区，我都见到大小不一的各色嘛呢石堆。它们大都出现在雪山、草地、河流与湖畔等开阔的地带。远远看去，灰褐色或者青白色块石垒起的岩丛与五彩经幡的搭配显得特别醒目，也非常容易引起人们对佛教的虔诚。

嘛呢是大悲咒六字真言“唵嘛呢叭咪吽”的简称。佛经记载，这六字真言是观世音菩萨以无限慈悲的佛心为脱度灾难深重的众生，从五方佛土请来的无上秘咒。一切诸佛菩萨的身、口、意都含摄在这个咒音上。每一个咒字都具有无限的功德和愿力。

藏族人相信，一个人一生若能反复念诵六字真言，就能得到观音菩萨的保佑与加持，解脱自己的痛苦。一代一代的西藏人，怀着对佛教的虔诚，无论是在劳作放牧之中还是走在转经的路上，都会念诵这六字真言。仅仅念诵与转经，他们还觉得不足以表达内心的深情与崇敬。于是，他们解下腰刀，将六字真言刻在洗得干干净净的石块上。这就是嘛呢石的由来。当无数的嘛呢石堆放在一起时，我们就看到了江河之滨、雪山之上难以数计的嘛呢堆。

尽管，我对嘛呢堆的具象、神秘与庄严有了深刻的印象，但是，当我来到嘉那嘛呢石经城时，仍不免产生了震惊。这感觉如同在千娇百媚的红粉阵中，见到了一张最为粗犷最为彪悍的面孔。

这座嘛呢石经城位于青海玉树结古镇东面的新寨村。结古镇上有一座玉树藏族自治州最大的萨迦派寺庙结古寺。这座寺庙约建于元末明初之际。它的第一世嘉那活佛与明朝开国皇帝朱元璋生活在同一时期。嘉那活佛晚年离开了结古寺，选定离寺院十几公里的新寨居住。在这里，他刻下了第一块嘛呢石经。于是，尊崇嘉那活佛的信众都纷纷仿效，刻出嘛呢石经敬放在嘉那活佛居所周围。嘉那活佛圆寂后，这项活动不但没有停止，反而更加蓬勃地进行下去。如今，六百多年的时光过去了。石经城中堆刻的经石竟有二十七亿块之多。因为它的宏大的规模而被列入吉尼斯世界纪录。

在石经城中的一间庙堂中，我看到了嘉那活佛刻出的第一块石经。这是一块磨盘大的深灰色的岩石。由于岁月侵蚀，已经有些发黑了。它被供奉在粗重的木桌上。面前长方形的香案上，摆放着已被点燃的数百盏酥油灯。闪烁的火苗，让经石产生了忽明忽暗的光影。在内地的寺庙中，我看到了用汉文书写的六字真言。不知为何，我觉得藏文刻出的大悲咒，更接近佛的妙谛。藏文瘦长的书写形式以及它弯曲的线条，似乎更能表达形而上的心

灵的印记。

在嘉那活佛刻下这块石经的时候，同是和尚出身的朱元璋已经皇袍加身。他正在为他即将就藩的儿子们每人选择一位高僧，让他们跟着藩王方便说法，在自己的藩国中能够得到佛的庇护。我想朱元璋肯定渴望得到大悲咒真正的智慧。几乎可以断言，嘉那活佛也肯定深谙六字真言的奥义。但是，限于当时的历史条件，这两个人不可能相见。从文化交流的角度看，这可能是一件憾事。换一个角度来看，这又可能是一件幸事。中国的皇帝们从来都是威加四海。接受他统治的每一个领域的风云人物，莫不将由权力、金钱、名器与欲望等等元素构筑起来的世俗生活发展到极致。相对于主宰社会生活的世俗文化，对应于心灵的宗教文化往往显得脆弱。以藏密佛教为主体的藏族文化，作用于心灵生活，它是强势的。但是，在强大的世俗生活面前，它又是弱势的。从历史经验来看，每当以物质生活的富有定义幸福的时候，任何对应心灵的文化都会在物欲横流的社会受到冷落和藐视。但是，如果我们对澄净安详的心灵有了深切的体验，就会对藏族文化产生敬意。

玉树藏族自治州国土面积有27万平方公里，人口却只有33万，真正是地大物博，人烟稀少。这么少的人群，却有着174座壮丽的庙宇。差不多两千人就要供养一座庙宇，这种比例在汉传佛教中，可以说是不可思议。

现代人的显著特征是数学大脑的发达。几乎每一个人的心灵都住了一个账房先生，它永远都在计较着财富的多寡与投资的回报。传统西藏人对数学的逻辑并不青睐。就像眼前这座石经城，27亿块石头并没有直接创造经济的价值，但是却创造了人类最为纯净的心灵的高度。

站在七月高原的阳光下，我感到炽烈的紫外线正在帮助我清除心中的污垢。我是在玉树地震一年后来到这里的。我本以为，遭受了巨大灾难的藏族同胞，不但面临着重建家园的种种困难，同样迫切的是，我们应该施以援手，帮助他们完成心灵的重建，抚慰地震带来的心灵的创伤。但是，当我来到这片土地，才发现他们的心灵是如此的健康。在他们的脸上，看不到灾难留下的阴影，他们投给我的眼神，不但注满了祥和与宁静，同时也注满了宗教的虔诚。同他们呆在一起时，我的耳畔响起一位领导人的话：灾难压不倒中国人民！

坦然面对灾难，不但需要超常的勇气，更需要坚定的心智。这心智反映在西藏同胞身上，就是水滴石穿，永不彷徨的信仰。

夕阳西下，我学习转经的藏胞，沿着嘉那嘛呢石经城绕走一圈。我的前面，是一个穿着深红氆氇的老人。他走得很慢，很慢。我本想超过他，但是，当我接近他的背影听到他诵唱六字真言时，才猛然醒悟，试图超越他是一个浅薄无知的冲动。所有的灰烬都会让人想起火焰，但并不是所有的老人都让人想到暮年。

就像前面这位念诵大悲咒的老人，他的陈旧的氆氇，比夕阳更红。

白塔渡口的遐思

从玉树藏族自治州的首府结古镇出发，沿着通天河谷迤逦前行，两岸的山峰连绵不断，没有树，但青草葳蕤。河谷的滩地上，生长着荞麦，此时正开着乳白色的花朵。其中间杂着快要凋谢的金黄的油菜花。由于是雨季，本来清澈的通天河变得浑浊，但头上的天空却是如此的蔚蓝。我之所以加上“如此”这两个字，乃是因为如果用蔚蓝形容这里的天空，那么在黄河两岸的中原，在长江右岸的江南，那里的天空是没有资格用“蔚蓝”这两个字的。

沿着通天河谷前行了两个多小时，远远地，我看到河边伸向波心的小山坡上，矗立着一座耀眼的白塔。它傲岸而孤寂，仿佛一位活佛，看到他就想到祈祷。车子在塔前停了下来，陪同的朋友告诉我，这就是白塔渡口。

当地人介绍，当年文成公主就是从这里渡过通天河，前往西藏拉萨。后人为了纪念她，在这里修建了一座白塔。

在藏区采风，听藏民们怀着崇敬之情谈论最多的三个人：一个是格萨尔，一个是宗喀巴，另一个就是文成公主。格萨尔是藏族人心目中创世的英雄，宗喀巴是富于改革有着献身精神的藏传佛教领袖，而文成公主则是藏汉文化交流的伟大使者。

长安通往西藏的唐蕃古道，从玉树穿过。文成公主便是沿着这条古道，用了差不多两年的时间从长安走到拉萨。其间穿过多少湍急的河流与巍峨的雪山。一个冰清玉洁在皇宫长大的少女，经历这么多的艰险，把自己的爱情与生命长久地留在青藏高原上。这样一个无可复制的传奇，吸引了历代的作家与艺术家，向她献上真诚的颂歌。

天荒地老的玉树，是唐蕃古道中最为艰难的一段。文成公主在玉树境内差不多跋涉了半年多时间。因此，玉树境内留下了多处纪念文成公主的建筑。最著名的，即是巴塘乡贝纳沟内的文成公主庙与眼前这座白塔渡口了。

白塔渡口在称多县境内。藏语“称多”即万人集会的地方。这个典故出自元朝初年。当时，被元朝皇帝忽必烈奉为国师的活佛八思巴由北京返回西藏，途中经过嘉圹草原边上。闻讯从四面八方赶来的藏民围住他的帐篷，希望他讲经开示。八思巴于是在此开坛说法。这次法会盛况空前，有一万多藏民参加。兹后，这片地方便被叫做“称多”。

如今，称多成了一个县，它有1.5万平方公里的土地，5.8万人口。境内有藏传佛教四大圣山之一的尕朵觉沃神山与水肥草美的嘉塘草原。长江源头的通天河横贯县境。在玉树的六个县中，称多的藏文化最纯粹。在这里，可以看到藏族舞蹈的活化石——白龙卓舞。人们赞扬称多是一个在音乐中陶醉、在舞蹈中生活的

天堂。

称多建县四十五年，是新中国最年轻的县。但是，它却有着最古老的历史。文成公主与八思巴，一位唐朝的公主，一位元朝的国师；一位从拉萨走向北京的藏人，一位从长安走向拉萨的汉人，他们背道而驰，却都肩负着文化交流的使命。两人前后相隔差不多六百年的时间，都经过称多并在这里留下胜迹。如今，八思巴讲经台与白塔渡口都成为称多的旅游名胜。

转经，是藏族人生活与信仰的方式，甚至可以说，他们一生都在转经的路上。转山、转湖、转寺、转塔。凡是他们认为值得朝拜的地方，都会围绕着它一次次行走。一面念经一边膜拜。我来到白塔口的时候，也见到了一些绕着白塔行走的人。他们中有老人，也有孩子。北纬三十三度的阳光，将他们的皮肤镀成了古铜色。看到他们手上轻轻摇动的转经筒，以及巍然屹立的白塔，便感到这动与不动之间，洁白与深褐之间，存在着人与自然的一种默契，一种无法割裂的祥和。

我在转塔的时候，常常会停下脚步，欣赏塔基上那些岩画与雕塑。这些绘画的主题分为两类，一类是文成公主与松赞干布，一类是佛教故事。有时，在同一幅画面上，会看到度母与公主同时沐浴着祥光。人一生下来，便会本能地抗拒一些东西，但不会抗拒美。西藏的度母即是观音，是美与慈悲的化身。将文成公主与度母供奉在一起，可见西藏同胞对文成公主的尊崇与爱戴。

一个没有信仰的民族是危险的，一个懂得感恩的民族是伟大的。从白塔上的岩画，我们看到了感恩与祝福。同时，也为文成公主征服了一个民族的心灵而感到欣慰。

据说，文成公主走到这通天河渡口的时候，所有陪送她的唐朝大臣就此回返，而松赞干布派来的使者在对岸迎接。我猜想，文成公主当年在这河边徘徊的时候，一定是柔肠百结。她知道一旦踏上渡船，对于故土，将是永别；对于西藏，将是开始。再坚强的人也有脆弱的时候，与送亲的人揖别，文成公主一定是热泪盈眶。这情景让我想到那两句脍炙人口的唐诗：“马上相逢无纸笔，凭君传语报平安。”未语泪先流的文成公主会报什么样的平安呢？她会告诉中原的父老，告诉白发苍苍的母亲：女儿平安，西藏平安！

光阴荏苒，一千多年的渡口揖别已散作昆仑山脉的烟云。诚如陆游在三峡吊屈原时所感叹：“一千五百年前事，惟有涛声似旧时！”通天河的涛声，在苍茫的雪山之间袒露着，喷涌着，它诉说着历史，也诉说着今天。顺着当年的唐蕃古道，我看到一个又一个的工程队来到玉树，他们从内地的各个省份来到这里，支援灾后重建。地震后的玉树呈现出少有的生机与热闹。从文成公主开始的藏汉之间的友谊，血浓于水的兄弟般的感情，又一次在这青藏高原的腹心地带喷发。

沿着白塔，我缓缓地转了三圈。然后，对着文成公主的画像，对着度母，我深深地鞠躬。历史并不渺茫，现实又如此热烈。在这充满感恩与祝福的大地上，我的爱与直觉，正像高原上的鲜花一样缓缓开放。

情迷高原玉树

聂震宁

临近要去玉树，便有隐隐约约的激动。首先当然是因为那里曾是全国关注的地震灾区，眼下又正在进行灾后重建，其次就是因为这将是一次高原之旅，那里是号称世界屋脊的青藏高原。

几乎所有被我告知行程的朋友都表示艳羡，艳羡之后便是关于高原反应的告诫。凡上过青藏高原的朋友几乎人人说的都是同一个意思，甚至话语都相差无几，无非是若干不能：不能太激动，不能大声唱歌，不能大声说话，不能大步奔走，不能洗热水澡，不能喝酒，不能感冒……而没有上过青藏高原的朋友说的几乎也是前面提到的那些各种不能，只是添了一个词是“听说”。所有好心的朋友意思就是一个，劝我谨防高原反应。

我生性有点儿好强，喜欢逞勇斗狠。一面觉得这些高原生存戒条有点虚张声势，一面也还是认真听了，而且，也是默记下来了的。

然而，终于，在临离开玉树还有一天的时候，强烈的高原反应终于在我身上发生。

直到现在写这篇稿子，我还在回想检点当时发生的每一件事，每一个环节、细节，每一个步骤，每一处应对，却也始终不能确定，我到底在什么时候什么地方违反了高原生存戒条，导致致命的高原反应发生在我的身上。

因为我从来认为自己是一个强健的人。朋友们也是这么认为的。

在中国作家采风团中，独独是我狼狈倒下，让我很是不服气。

或许，从2012年7月19日，踏上青海省那块神奇的土地开始，我的情绪便不断有了冲动。日复一日，日甚一日，直至到达玉树。

也许，病魔就如此这般地悄然进入我的身体。

7月19日，午后，作家采风团飞抵西宁，稍事休息，即受到时任省委书记的强卫同志接见。作家们为玉树而来，作为玉树抗震救灾直至灾后重建全部工作的总指挥，强书记也就直奔主题，开谈就是玉树。地震已经过去两年多，书记说起地震，依然一副历历在目的模样。他给我们全面扼要地介绍抗震救灾和灾后重建的情况，说了几个“最”字：最高效率指挥协调，最大限度搜救生命，最好效果救治伤员，最优服务安置群众，最强措施恢复秩序，最快速度启动重建。他特别说到了一位舍身救伤员的医院藏族女院长的感人事迹，语速顿时变快，有身临其境之状。显然书记已经是无数次介绍这位女院长的事迹，说得特别清晰准确。可说起女院长抢救伤员的过程，依然绘声绘色。最后说到女院长劳累致病，不幸罹难，他很是动了感情，令我们激动而又沉痛。然后，书记很振奋地介绍灾后重建情况。他用了三个词来概括重建的过程和进展，那就是：起初，乱七八糟；现在，热火朝天；整个过程，日新月异。又一次令我们激动起来。

我当时确实是激动了的。作为采风团团长，我在向书记致谢时，特别用力地表达了自己的激动心情。我说，书记的介绍已经让我们感受到玉树重建热火朝天和日新月异的景象，我们希望尽快去玉树，希望尽快体验、融入那里的一切。

不是说是不能激动吗？可是，从一开始，我便如此这般激动起来。或许，就此埋下了后来高原反应的病因。

7月20日清晨，作家采风团集体乘车去往玉树。全团分乘几辆越野车，还挺意气风发。

西宁与玉树直线距离800多公里，公路距离则有1000多公里。为此，省文联为我们安排的行程是中途在果洛藏族自治州政府所在地大武镇住宿，计划在大武盘桓二日，深入了解藏区生活，丰富对高原生活的体验。

能够途径果洛州，大家都有点儿喜出望外。尽管此行的目的地是玉树，可是果洛的地理历史文化对于作家们的吸引力也非常大。果洛全州总面积7.8万多平方公里，占青海省总面积的10%，是一个面积大、人口少、地势高、空气稀薄、草原广袤、资源丰富的民族自治州。这里著名的有阿尼玛卿雪山、鄂陵湖和扎陵湖、托索湖、莫格德哇遗址、年保玉则、白玉寺、唐蕃古道、玛可河原始森林、山地草原，这里还是唐朝文成公主与松赞干布举行盛大婚礼的地方。

果洛令我们流连忘返。

对我而言，朝拜阿尼玛卿雪山与走进山地草原，更是内心久有的憧憬。

阿尼玛卿雪山海拔6282米，是青海省第一高山，更是一座名闻遐迩的“神山”，终年积雪，冰川逶迤，雪峰突立，气魄壮观。这里有着诸多美丽的传说，雪山被传为果洛人的守护神。同车的青海省文联副主席马有义兄告诉我，“阿尼”藏语意为先祖老翁，并含有美丽心房、幸福或博大之意；“玛卿”藏语意为黄河源头最大的山，也有雄伟壮观之意。当地藏族人认为，阿尼玛卿雪峰是“博卡瓦间贡”的二十一座神圣雪山中一座，是九位开天辟地造化神中排行第四位的神祇，是主宰山河大地神通广大的山神，为此是藏族同胞朝拜之地，也吸引过国内外许多探险者、科学考察者和旅游者前来攀登观赏。

这是我平生第一次朝拜雪山。路途是如此颠簸。果洛是无霜期很短的地区，简易公路的路基翻浆十分严重，路面到处是很大的坑洼。越野车颠来簸去，行驶极缓慢，犹如在大海的波浪上起伏不已。这是我迄今为止乘车走过的最艰难的路程。然而，因为事前有了心理准备，颠簸了将近四个小时，抵达雪山脚下，我竟然还能大步奔向雪山，与李鸣生一起，向着雪山跪下，顶礼膜拜。那应当是在海拔近5000米的地方。

山地草原也是果洛的一绝。去往阿尼玛卿雪山的路途中，到处看到的是山地草原。草地上，牦牛绵羊环绕帐房，绿草如毯连向雪峰，草原四处静谧神秘，山峦起伏变化有致，天上飘着蒙蒙细雨，远处有一二藏族牧民悠悠地做着事情，让我们益发感受到藏族人恬静自如的生活态度和深沉安详的性格。

在果洛，我是平生头一次看到草原。尽管这里是山地草原，偶尔有开阔的坡地，但更多是连绵起伏的绿色草山。与我两个月后在新疆看到的地势平缓的那拉提草原不太一样，更不像我在图片上看到的那种宽阔平坦的大草原。但毕竟是第一次看到草原，毕竟是近距离看到草原上藏族牧民生活的帐篷，我依然感到新奇，感到快乐，感到兴奋。当晚返回驻地，晚饭时，领队尹汉胤兄的带头唱起歌来。我一定是很激动的了，当时便主动清唱了一首《我和草原有个约会》。

不是说是不能大步奔走、不能大声唱歌吗？可是，在高原上，我便如此这般大步奔向雪山，又如此这般大声唱歌。或许，就此埋下了后来高原反应的病因。

使我们再一次激动的是在玛多县。

玛多县是从果洛大武镇去往玉树的中间站。中午，在玛多，作家采风团受到了县长一干人员的热情接待。县长是一位年轻的藏族女性，名叫周吉。她热情大方，说得一口流利的汉语，看得出来是一位素质很高的基层领导干部，可俨然又是一位年轻美丽的藏族姑娘。她热情温婉地致以欢迎词，声音甜美而富有磁性。我致以答谢词，自然也就高度赞美玛多，赞美玛多独特的风物，赞美玛多的人们，激情而且放大了声音。

回想起来，在玛多不只是我一个人大声讲话，好像同行的作家们都在大声说话。想来那也是没有办法的事情。采风团在肃穆地朝拜阿尼玛卿雪山之后，面对那么热情真诚的藏族同胞，面对那么美丽热情的周吉县长，不由得要发出满腔热气。在腾腾热气中，尹汉胤、彭建明、杨志军应主人之邀，当场挥毫泼墨，题写了若干条幅，赞美高原雪山，赞美黄河源头，赞美果洛，赞美藏族同胞。

玛多，是藏语黄河源头的意思。离开玛多，行约二个小时，果然来到巴颜喀拉山山口，路旁标牌标志着海拔5083米。路边不远处有一座颇具规模的玛尼堆，玛尼堆插满了七彩经幡，七彩经幡映着更蓝的天空，在风中飘动。

巴颜喀拉山，在我们自小上学学到过的祖国地理知识里，知道这是黄河的发源地！黄河之源啊，我们虽然不能亲往目睹，却已经站立在这座雄伟山脉的山口，不啻是三生有幸了。真可谓“虽不能至，然心向往之”！巴颜喀拉山山口，当然是我们的停车流连处了。大家立刻照相留念。快速找角度，匆匆做着组合，合影，独影，又合影，再独影，如是者多多。最后团体合影。尽管大家都在喘着粗气，却也都顽强地按照自己的意愿努力克服高原行动的障碍。

在巴颜喀拉山山口，我们许久不舍得离去。

途经玛多，给我们留下的记忆竟是如此深刻。而我，完全忘记这里是海拔5000米的高原，记住的完全是友情，是民族的母亲河，是高原美丽洁净的蓝天和纯洁美丽的人们。

在玛多，我又一次无可挽回地违反了高原戒条。后来的高原反应症肯定是在当时的热气中埋了下来罢。

最终的目标是玉树。

最激动人心的地方必定是玉树。

车到玉树藏族自治州所在地结古镇，已经是晚上8点多钟。天早就黑透。临到城区前，忽然只听得道路左侧有湍急流淌的水声。忽然就想到这里是“三江源”，亦即长江、黄河、澜沧江的源头。夜到三江源，听到哗哗水声自然让人产生联象。我问人，这里流淌的是长江的水还是黄河的水，或者是澜沧江的？然而一时并没有人回答我。这就有了一点神秘感。采风团下榻处是一家木板房搭建成的临时宾馆。那家宾馆已经与那条湍急流淌的河流有了相当的距离。可是，玉树的第一个夜晚，睡得一点都不踏实，竟有动荡之感，耳旁一直觉得听到哗哗水声。

当然，第二天清晨，走出宾馆，才发现四周是宁静的。

不平静的是我的心情。

灾后重建的玉树，哪里容得下平静的心情！

灾后重建的玉树，注定是不可能平静的。如果把高原玉树之行比作一首奏鸣曲，那么，在西宁，省委书记的一席话是乐曲的序曲部分，主题鲜明，气质凝重而饱含激情；果洛的风情则是乐曲的呈现部，奏响的是高原的美丽凝重和藏区生活的恬静深沉的天籁之声；玛多的快乐交流则是乐曲高潮前轻快的过渡段落，藏族同胞热情温婉的情怀让我们有了更高情绪的预期，而玉树，则是这首乐曲持续的高潮部分。

如果把高原玉树之行比作一次长途登高，那么，到达玉树便是登顶，而我的高原反应，也就顺理成章地会在此行最高点上发生。

在玉树结古镇的日子里，看到的都是让人不能平静的景象。

乘车在结古镇上浏览，曾经让全国人民揪心的地震惨状不复见到，曾经让电视机前亿万观众含泪瞩目的抢险场面已经消失，代之以热火朝天而又充满希望的重建场景。已经有许多崭新建筑矗立，更有许多建筑工程正在脚手架上攀升，在隆隆驶过的运货大卡车上推进，工地上悬挂的横幅标语是北京援建工程、辽宁援建项目、上海援建……尤其是已经竣工落成的新建筑，色彩大多明快艳丽，一式的藏地建筑风格。尤其是那座玉树民族医院大楼，完全称得上是一处民族风格的标志性建筑。玉树重建，真称得上是一种跨越式的重建，跨越20年以上的重建。

我们去参观玉树第二民族中学。学校所有设施都是重建的。数栋教学楼、学生宿舍和教职员办公楼，混凝土浇注的篮球场，塑胶铺设的田径跑道，一应俱全。藏族校长告诉我们，9月就可以让学生上学。他比较忧虑的是，设施太超前，用不完，感觉有点儿可惜。我说，这也就意味着，学校要更多地招来学生，也要有更多的发展。校长点头称是。这是一种满足之后的不足，是在感到事业发展压力后的忧虑。可毕竟，学校现在已经站在比过去高得多的发展台阶上了。校长依然是开心的。他说，五楼上还有一间藏文图书室，问我们要不要上去看。似乎当时陪同我们的州文联领导面有难色，因为这就意味着要徒步登上五层楼，他们担心我们吃不消。当时我也没加思索，便表示出十分的兴趣，表示要去参观。我素来是不愿意拂了主人好意的，何况是去看藏文图书室！于是我们便跟着校长登上楼梯。也就是说，我们要以海拔3700米为起点，再登五层楼。然而，我们毕竟也上到了五楼，看到了四处描绘着唐卡一般色彩斑斓图案的藏文图书室。我顿时有眩晕感觉。我也是参观过许多中外著名图书馆、图书室的人了，可是，眼下被这间图书室的建设装潢震撼了。在玉树，在这两年前地震的一片废墟上，现在竟然出现了如此精致、如此高贵、如此富有民族艺术气息的图书室。我一面观赏这美轮美奂的藏文图书室，一面表示不可思议，一面喘着粗气，一面有眩晕的感觉，也不知道是由于强烈的色彩图案对我造成的艺术冲击，还是因为登高而力所不及所致。

总之，我在玉树第二民族中学受到了意想不到的震撼。

在玉树，给我们带来震撼的不只是一所中学的重建。全州重建的72所中学已经全部竣工交付。

在玉树，给我们带来的震撼甚至不只是城市建设意义上的重建。这里是高寒地区，重建至今两个年头，可以施工的时间只有10个月，却已经完成了全部农牧民的新居入住，城镇居民入住率也达到97%。据说，剩下的3%是机关干部住房尚待完成。

在玉树，除了民生重建，让我们特别关切的还有绿色重建、文化重建。因为这里是中华民族的三江源，这里是藏传佛教文化的腹地。

由于行程短促，此行去不了三江源头实地考察。但是，时任州委副书记的文国栋同志给我们介绍，玉树人民重建有一句至为有力的理念，那就是：全国人民大力支援玉树抗震救灾、恢复重建，玉树人民要“用生态感恩”。多么好的理念！在这个绿色至上的时代，这样的理念，足以让全体中华民族甚至全世界都会得到莫大的安慰。

我们此行的重点是考察玉树的文化重建，而玉树的文化重建正在更高的精神和物质的层面上推进。

玉树是藏传佛教发展和传播至为重要的地方。玉树的结古镇中心广场格萨尔王铜像，高22米，是全国最大的格萨尔王铜像。

玉树大约是全国佛教寺院最多的州之一，其中结古镇的结古寺、文成公主庙，称多县的竹节寺、当卡寺、多干寺，囊谦县的尕尔寺，都是一些著名寺院。尤其是囊谦县，虽然地处偏僻，但却是青海省寺院最为密集的县城，拥有数量众多的各派佛教寺院。玉树的文化重建其中一项重要任务就是寺院的重建。文国栋同志告诉我们，国家投了9亿多元人民币，用于87座寺院重建，这是中外各国不曾有过的事情。我们在结古镇看到的却是寺院矗立，这是最早重建完成的第一批建筑。寺院造型别致，色彩鲜艳，令我们心中有肃穆之感。

玉树的文化重建，既坚持继承历史传统、大力弘扬民族特色，又具有鲜明的时代特征。

玉树灾后重建标志性文化项目有康巴艺术中心，其中包含玉树州图书馆、群艺馆、州剧团、州剧场，还有地震遗址博物馆、玉树州民族博物馆、文成公主珍藏馆、格萨尔广场等，都在建设中。这些无不是一种高质量的重建，是荟萃着民族文化色彩的重建。在一大批文化设施重建的同时，文化内容的建设也在更高层次上进行。藏族《格萨尔》史诗的搜集整理和抢救保护工作正在玉树更大规模地开展。结古镇成功举办了有国家、省级著名专家学者参加的“格萨尔艺人之家”、“格萨尔研究基地”授牌仪式及艺人鉴定大会。经过专家学者们严格审定，为一名阳光艺人、十三名顿悟艺人、三名吟诵艺人颁发鉴定认证书。玉树在《格萨尔》史诗搜集整理和研究工作上的突出表现，在国内“格学界”引起强烈的反响。

正是在地震之后，玉树藏族自治州成立了文学艺术界联合会，第一次代表大会在结古镇隆重召开。州文联所属的作家协会、书法美术家协会、摄影家协会、格萨尔研究协会、音乐家协会、舞蹈家协会，这些都是原先还没有来得及成立的文艺协会，两年之间纷纷创建，这些无疑称得上全州文化更高层次的重建。地震之后，这里相继编辑出版《康巴文学》、《玉树格萨尔文化》、《源》、《玉树文艺报》等报刊。《青藏高原山水文化（玉树卷）》编纂工作启动。州文联民间土风歌舞团应邀参加中央电视台“中国民族民间歌舞乐盛典”播演，分别在《黄河天上来》、《共饮长江水》及《盛世大联欢》等几个节目中激情亮相。首届“唐蕃古道诗歌节”在玉树开幕，同时颁发首届“唐蕃古道文学奖”。州委领导决定由玉树州文联设立50万元的文艺创作奖励金，奖励全州的文艺创作。

仿佛正是这场地震，震动了这片广袤的土地，震撼了土地上的万物，虽然我们有些亲爱的同胞不幸罹难倒下，却同时激发了这神奇的土地和伟大的人民所蕴藏着的潜力和创造力，幸存的人们正以更顽强的精神意志、更高远的目标追求、更巨大的热情和力量继续生活和创造，甚至是开始新的更高层次的生活和创造。

在玉树的第二个晚上，采风团与主人们聚餐，我又一次大声说话，又一次大声唱歌，我唱的是《滚滚长江东逝水》。我说因为这里是长江的源头，我要献上这首与长江有关的歌。

不用说，就这样，在高原上一边走一边唱，我预感到我的身体将会有些麻烦。可是，人总会有情不自禁的时刻。在青海，在高原，在玉树，我一次又一次地情不自禁地抒发着心中强烈的感受。

在玉树的最后一个下午，主人安排我们到巴塘草原观看歌舞。在高原洁净如洗的蓝天下，在如茵绿草和五彩格桑花环绕的露天舞台上，我们观看了一场热烈而抒情的藏族歌舞。年轻演员们演技娴熟，表演投入，激情四射。康巴汉子们双腿踏步像骏马奔腾在草原，双臂张开如雄鹰盘旋俯瞰大地；美丽的姑娘们五彩藏袍有如草原上盛开的格桑花在微风中摆动，她们长袖舞动，有如蓝天上的一片片白云舒展。台上台下一片欢腾。我问州文联主席彭错达娃：这是州歌舞团吗？彭主席很自豪地回答：这是农牧民业余歌舞队，是我们州文联组织的。

又一个歌舞节目开始了。歌声有如爆发一般忽然响起。姑娘们在欢快地旋转，小伙子们腾空欲飞。舞台上又是一片欢腾。"好！好！"我和同伴们一次又一次地叫好、鼓掌。我的内心一次又一次地感到振奋。而眼睛，我的眼睛，眼睑却越来越沉，总想沉沉地阖上眼睛。是不是自己太兴奋了？是不是可以闭上眼睛歇息一下？我希望有一个椅子让自己靠一靠，无奈观众坐的是没有靠背的长条凳。这时只听得同伴们说要送我去医务所吸氧……

就这样，一直为大家高度重视的高原反应症在终于我身上发生了。

但是，我心里一直感到很惬意，很快乐。

我的思维一直很清醒。我自认为没什么大问题。

前面说过了，我是一个生性有点儿好强的人，喜欢逞勇斗狠。我很不服气。我不相信自己的身体不适应这伟大的青藏高原，高原上伟大的人民，这世所罕见的重建的玉树。直到后来回到北京，住进医院，我也还是不相信自己的身体不行。我想，与其说是我的身体不适应高原，不适应玉树，不如说我是情迷高原，情迷玉树。无非是一路上用情太重，忘记了高原生存戒条罢了！

直到今天，我还是如此这样地想。前不久青海省文联主席班果来北京开会，他来看望我，我对他说我不服气。我说，日后有机会，我还会再上高原，再去果洛，再去玉树的，那里还有那么多好地方没去过，不能不去！无非要切记并遵从高原生存戒条就是了。

班果主席颇为认同我的话，频频点头称是。

但我又说，在那神奇的高原上，还真的不敢保证到时候不会动情，不敢保证不会再一次情迷高原，情迷玉树。于是班果和我一起哈哈大笑。

2013年4月初写于北京民旺园

黑衣之邦

徐 剑

1

梦里几度回玉树。

一枕寒梦中，我站在日月山上，罡风猎猎，太阳烈烈，日亭之巅经幡飞舞，月亭之上却雪风四起。伫立于这条大自然的南北回归线上，青藏高原的漠风与黄土高原的柔风朝我横吹，玉树临风。北坡山阳，一阴一阳，一柔一刚，兀立几分钟后，便会感到五脏六腑有一股清凛穿透，撕裂着我，也这样撕裂过帝国公主，也同样撕裂过伫立在日月山上的许多普通人。再待下去，就会被冻成冰凝玉树了。于是，最后回望一眼故里、故土，但见熙熙攘攘的阡陌小径上，油菜开至荼靡，穿着黑衣的汉地一族，戴着竹笠，披着蓑衣，穿越田野。

田野将熟兮，我将离去。告别黑衣之邦，朝前方城垣般崛起的青藏高原踽踽独行。

打马下山，沿唐蕃古道而行。蓦然回首间，汉地的村舍、炊烟，还有那一群群穿黑衣的乡亲，便在身后浓缩、凝固成一个个小点，一个活字印刷着墨过后的黑点，遁入朦胧。不再眷顾故土，拍马绝尘而去。前方是倒淌河，是大切吉草原，是醉马滩。在我的记忆中，当年的大唐使者，就在这被雪埋的帐篷里，用身体将冰焐热，化作水，研墨，挥毫记下了一段又一段驿程，伸入草原腹地，过食宿站、黄河沿，翻越巴颜喀拉，山脚之下，便是玉树地界了。

千百年间，朝着逻些（拉萨）圣城方向，大唐帝国的公主迤逦而来，帝国的大员策马而行，帝国的文人骑驴而行，背着行囊的汉地苦行僧嘉那活佛这样徒步走过。后来，则是慕生忠将军率领的驼队，弧线般嵌进茫茫大荒。

驼铃声声，通向玉树之旅，常会被风雪弥漫。迷途时，会有灰头雁掠过天空，会有一具具野牦牛头骨作为路标，还会有慕生忠将军入藏骑过的骆驼倒下后的骨骸，作为路标，指向一程又一程古道。山回路转，马蹄无声，雪地有痕，我几乎是在一枕寒梦中走遍了玉树的山山水水。写青藏铁路时，有媒体传讹，说青藏铁路便是当年的唐蕃古道，文成公主曾入昆仑山里纳赤台，饮过圣水，纳赤台亦称公主台，言之凿凿。我在《东方哈达》一书中，专辟一节“青藏铁路并非唐蕃古道”，便一个驿站一个驿站的历数而来，从大唐长安城朱雀门下，直至逻些（拉萨），厘清唐蕃古道的走向，正本清源。抱愧的是，从未像当年苦行僧一般，徒步走过，而只是在地理文本考证中徒步而行。

这一次，中国作家玉树地震灾区行，终于寒山入梦来。好梦将圆时，走向玉树，却不是梦中最迷恋最熟悉的陆路，而是借以神鹰的翅膀，从空中飘然而下。

飞抵玉树巴塘机场时，正好是仲夏之季的上午8时20分，站在舷梯上极目远眺，天空透蓝，清风徐来，翠玉般的山野，环抱巴塘草原。

此时，正是巴塘草原最美的季节，河水清澈，野花盛开。阳光从祥云罅中筛下来，在远处的雪山和天葬台上，留下一道道诡谲的光影。

车窗两侧的风景，在车后渐行渐远。从文成公主庙前的岔道左拐，往南驶去。翻越一道垭口，河那边的山冈上，经幡飞扬，风中有祷语低诉。十万次的祈祷，从风马旗上飘过，冉冉袅袅，十万次的六字真言搭成的语言天梯，直抵天国。我在鲁迅文学院高研班的同学梅卓主席系青海藏族，经常出入玉树。地震刚过，她就率一个作家采访团到灾区采访，熟悉这里发生的一切。她指着经幡处说，这就是禅古寺，玉树地震已将这座700多年的寺院摧毁，正在重建。

我指着河那边一片白墙红顶的别墅区问道，这是哪个新村啊？

梅卓说，禅古村啊！为北京来的中建集团援建。

隔着车窗远眺，河边的藏族别墅村庄，已经有了人烟，搬进不少康巴人家。可是藏式建筑的风格、风韵尽失，只是在红色彩钢板顶棚屋檐下，点缀几道藏式图案，与内地的某一别墅区酷似。

车里坐着阿来、熊召政、赵瑜、萧立军、尹汉胤、素素诸兄。瑜哥和熊召政兄感叹，这大红屋顶与周遭的青山绿水，多么不协调啊！新建筑应巧妙地融入自然之中，又不失民族特色。

我哑然失笑。此次玉树灾区行，青海省委宣传部吉狄·马加部长邀请“茅盾文学奖”和“鲁迅文学奖”的获奖作家来看灾区重建。刚飞抵玉树，便开始指点江河，姑妄听之吧。

巴塘机场离结古镇不过20公里，沿巴塘河一路向下，前方突然风尘四起，烟尘滚滚，想必是玉树藏族自治州府所在地了。

前一天晚上，青海省委书记强卫宴请中国作家采风团一行时，曾介绍说，现在的结古镇是乱七八糟、龙腾虎跃，三年后可见规模和成效。果如强卫所言，结古镇此时是一个大工地，夷成废墟的瓦砾犹在，高楼框架正在崛起，工程车如长龙一般滚滚而来，大车小车涌到路口，因为混乱而拥堵。我们乘坐的车停在玉树地震唯一的遗址“格萨尔王宾馆”楼前参观留影后，四层之楼，坍塌压缩仅剩两层，看得让人有点触目惊心。随后，驶入格萨尔王广场。一场玉树地震，所有藏居都毁于斯，唯独这尊骑在骏马上的岭·格萨尔王金刚像，还在俯瞰已在地震中往生的苍生和故园。

阳光真好。暖暖的，照在我们头顶上，也照在岭·格萨尔王金刚怒目的战盔上。站在格萨尔王铜像前，不知谁说了一句：合一张影吧！采风团中有两位藏族作家，梅卓为安多藏族，阿来则为康巴汉子，后者又写过“重述神话”的长篇小说《格萨尔王》，一时洛阳纸贵。大家将他们两位和中国作协书记处书记杨承志围在中间，留下一张合影。快门按下时，远去的英雄和仍在做着英雄梦的人们，凝固在一张方寸之上。

2

下榻一家板房宾馆。放好行囊，往西几步，是一家川菜馆。入玉树后的第一顿早餐就在这里享用。没有酥油茶和糌粑，吃着馒头和稀饭、泡菜，听着老板娘和厨子的款款川音，觉得内地近了，玉树反倒遥远起来。

随后，中国作家一行驱车玉树地委所在地，见面会仍在一间板房会议室。地委宣传部副部长兼文联主席召集与会者，早已就位。他们是结古镇震后重建的项目负责人，每人负责一摊。从青海全省调集而来，有西宁市政府局、委办的，也有玉树县、囊谦县的，还有结古镇街道办事处的，介绍了一年来震后重建的进展和困难。

欣慰处足以让人欣然，怅然者也让人怅然。两河相交的结古镇，地震过后，专门请国内著名设计院所进行城市规划，震后建筑皆以八级地震设防，而且援建的施工单位是中央四大国企和中国人民解放军总后勤部。三年之后，便会有一座新城崛起于三江源之间。

然而，中国作家们不乏悲天悯人之心，关注更多的却是老百姓有何意见和建议。

宅基地补偿啊！几乎所有汇报者都谈到了震前结古镇的地价很高，一幢藏式小院或者市中心的铺面房，价格皆在百万之上。而现在每家仅补25万，干部与群众颇有微词，无疑给民用住宅的施工带来很大困难。于是，参与震后重建的工作组将主要精力放在了说服群众和动迁上。

与会者大多拿着稿子而来，仿佛是在给领导汇报工作，冗长而又乏味，其中不乏藏族兄弟。又不便打断，对于作家们的采访写作，颇不对口味，期间便有人站起来，在会议室里来来往往。

我心中惦记着石渠县的嘛呢城，那是用一片片六字真言的石刻堆砌而成的石经城。憧憬已久，却未能亲自拜谒。于是，我从会议室站起身来，疾步走了出去。会议室门口站了一群人，以为我要上洗手间，便往左前方指了指。我说，打听一个地方的，从玉树到石渠有多远？

不远啊！一个藏族同胞说两个小时的车程，自己上个月才去过。

哦！我点了点头，再问道，路好走吗？

好走，全是沥青路面。

那到嘛呢石城呢？

那就难走了，离县城有二百多公里。

走多长时间？

四五个小时吧。

从玉树走，一天回得来吗？

肯定回不来。

那就算了。

我有点遗憾：这次又要与嘛呢石城失之交臂了。

不会啊！一个人告诉我，下午参观的线路第一个便是玉树新寨的嘉那嘛呢石经城。

玉树也有嘛呢城墙？

当然有了！而且是25亿块嘛呢石堆成的，创造了世界吉尼斯纪录。

我的眼睛霍然一亮，玉树之行，终于可以了却一个心愿。

午饭仍然是在那家川菜馆进行。饭后，重又登车，往结古镇的嘉那嘛呢城驶去。

此时，天空蔚然，内地正是十二点多钟，可是在大美之境的玉树，已经是将近下午两点了。车子在一个像集贸市场的地方戛然而止。我们从考斯特车上走了下来，穿过一片卖旅游纪念品的小摊，突然，一座像山一样的嘛呢城直奔眼前，人们一片惊叹。

站在嘛呢石山前，我双手合十，默默祈祷，连许了三个祈愿。

三愿许过，我们便沿顺时针方向绕嘛呢石墙转经。因地震过后，高巍的嘛呢石城被震成了废墟，便用铁丝网围了起来。我们一群人在铁丝网外流水般地绕城而行。一边拍照，一边行走，来到一座寺院前，铁丝网开了一扇门，引路者带领着我们，往一座坍塌的经塔前走去，然后拾级而上，朝寺庙大门走了进去。

梅卓老同学一直陪在我们身边，一进门，她便将帽子摘下来，我亦然。十次藏地之旅，已经懂得一个规矩：进藏传佛教的寺院，站在强巴佛前、佛陀前，要虔诚有度，不可冒犯佛祖。因此，必须脱帽相敬。

寺庙里酥油灯黯淡，我们仍顺时针方向而行，从挂在墙上的一幅幅唐卡前走过。转到佛龛前，便停了下来。梅卓解释道，这就是贡奉嘉那活佛的地方。

“嘉那”藏语怎样讲？我问道。

梅卓一愣，嗫嚅道：黑衣……

就是黑衣之邦啊！阿来大师蓦地回头，诠释道。

黑衣之邦？我沉吟片刻，觉得此词有些陌生。遂问道，此处在何处啊？

祖国内地啊！阿来不假思索便道。从汉以来，中土的黎民苍生，都以穿黑衣为国服，那是纺车织线过后，染了色的，皆成黑衣。在藏人眼里，故有“黑衣之邦”之称。

非黑即白，有黑衣之邦，对应的就应该有白衣之邦？我问道。

有啊！阿来说，喜马拉雅南麓的印度，便是白衣之邦。

对啊！阿来大师的话让我茅塞顿开，印度人、巴基斯坦人和孟加拉人，皆穿白衣。

这是嘉那活佛手掌印。梅卓继续当导游，向大伙介绍道。还有一块天然形成的嘛呢石。

我们纷纷拍照。欲将那个手掌印全部照下来。

嘉那新寨的嘛呢石加工都是嘉那活佛带过来的。

他是一位汉族工匠吗？我问道。

他是一位康巴藏族，在峨眉山和五台山游历多年，然后进了玉树，在新寨看到了一块天然的嘛呢石，然后惊讶：佛缘，佛缘！

从此，便在玉树的新寨住下来，再也没有离开过。一块一块的嘛呢石雕，堆成了一座嘛呢石城。梅卓道。

此语一出，我便知道嘉那活佛在玉树的分量了。

步出嘉那寺，阳光正浓，此时正是百姓转经的时刻。我们主动让道，那是藏族不可搅扰的生活、生命的一部分。

太阳从震后裂了的白塔金顶上照下来。佛光普照，仰望苍穹，天边天蓝，祥云朵朵，如天虹飞渡。我看到嘉那活佛背着苦行僧的背囊，下了日月山，踏着彩云，朝我们走来。

3

一袭黑衣，头戴草帽，脚穿布鞋，嘉那活佛朝倒淌河、大吉切荒原迤逦而来。此时，正值夏季，空阔的草原时而飞雪，时而降雨，时而天晴，时而一道飞虹横亘天际。

走过万水千山，嘉那终于向着玉树临风之地，一步步走近了。

前方有铜炊，抑或炊烟袅袅吗？还是多少驿程，此时，生活在康熙年间的嘉那活佛，朝着落日辉煌的雪山匆匆一拜，然后打起帐篷，火捻一擦，点燃牛粪，煮起酥油茶。

翌日早晨，再度上路。身后，是薛仁贵将军征西吐蕃时的战场。大吉切荒原上，一将兵败万骨枯。当年征战官兵那堆堆白骨早已融入艽野，与小草同舞，骷髅眼睛里长出一棵小草，长出一簇簇格桑花。一行蚂蚁，悄然爬过。

青海长云，古来征战几人还。嘉那此去，他便不再重返黑衣之邦了。前方无战事，过了食宿站，便是巴颜喀拉。紫色的山体在夕阳下，辉映成趣。

很快爬到山顶，天已经漆黑。嘉那在山巅过了一个茫茫长夜。第二天便下山，进入玉树地界，往黄河沿鄂陵湖、扎凌湖。仍然唐蕃古道，是当年文成与金城公主走过的驿道，只是此时两位公主的香魂已经飘远，惟留下通天河边上的一组石刻佛像和一座泥石砌成的佛塔。

嘉那活佛骤然跪下，向帝国两位公主深深三叩头。

4

第一次抵近玉树界，是1999年。我跟着一代封疆大吏阴法唐去了昌都，不是陆路，也是从空中飘然而下。

那天早晨从成都登机时，正是人间四月天，一抹朝阳从舷窗斜照进机舱。我们刚落座，便有一群红衣喇嘛走了进来。红衣灿然，旋即将机舱交辉一片红海汪洋，何处不吉祥。他们刚坐下，突然有空姐进来说，这架班机落昌都邦达机场，只能坐90人，现在超了，必须下几个人，其中一位红衣喇嘛站起身来，听从空姐的招呼，走下了飞机。

斯时，飞机徐徐滑向跑道，血色清凉中如一只涂金的神鸟，展着巨大的双翼，一阵剧烈的轰鸣声过后，挟风穿云，仰首冲天，融入蔚蓝。

机翼下的城郭村落和田野河流，在俯视中渐渐变小，平原上的墨绿和簇簇林丛消失了。鸡鸣狗吠之声远遁，黑衣之邦远遁，人间烟火远遁。云层之上，如莽荡的雪原一般，让人炫目。我将耳机调到一个音乐频道，听着听着，睡意便涌了上来。

天街梦短，以为会一枕黄粱。恍惚间，只见一位身着袈裟的红衣喇嘛跃然而出，踏祥云而去，在一片寥廓苍莽的雪域上踽踽独行。喇嘛王国，神秘之域，高僧惠能，究竟要引领我走向何方，抑或给予什么样的神谕？突然，闭阖的眼皮被一道奇诡蓝光拨开，睁开惺忪的睡眼，一个激灵醒来，舷窗外尽是无边无际的湛蓝。天哪！银鹰什么时候沉入了海底？像一只巨鲸在巡弋，苍苍莽莽的雪山，未覆盖白雪的绝壁、沟壑，俨然就像从海底冒出来的珊瑚礁，好像进入另一个世界。俯瞰下方，我的身体仿佛轻轻地浮了起来，感觉尽失，人似乎就飘游在一片净蓝的空冥之中。一种从未有过的下坠似的快感颤动浑身，灵魂出窍了。

倚在柔软的靠椅上，有了一种靠岸的感觉。这一刻，我终于叩响雪域神性的天门。难怪天底下有这么多的人熙熙攘攘走在朝佛的路上，难怪有那么多人前仆后继地跪拜在灵魂回家的路上。

因此，今天的横断山脉之旅，我飞到喜马拉雅山脉的东段，恰是一种命运的使然，一种无法了却的西藏情结。

高原的云翳垂得很低。波音飞机贴着一片枯黄的山峦翱翔，像出峡谷的大白鲨，浮出水面。不到十时，便降落在地球之巅的最高机场——邦达。

走出舱门，旷野无树，光秃秃的一片。雪风很冷，由海平面不过400米的成都平原，一下子骤升到4300多米，剧烈的头痛一阵阵袭来，舷梯之下，伫立着一批前来迎接老书记的昌都党、政、军要员，两位年轻美貌的藏族姑娘身着民族盛装，一位端了装满小麦和青稞方斗状的“切马”，一位双手捧着雪白的哈达，站在最前边。

敬上哈达，阴法唐书记将象征五谷丰登的小麦和青稞抛向空中。

我的头如裂开一般痛。好在从邦达机场往昌都镇上去的时候，一路盘旋下降，前方的挡风玻璃外已经有麦田在视野中浮现，穿过一个村庄，继续往下去，我欲裂的头痛才渐渐缓解。这时，我们已经抵达昌都镇，过云南桥和四川桥，往昌都军分区大院驶进去。

在昌都镇上活动数日后，我们从昌都入类乌齐，到了竹阁寺，当年阴法唐将军率一个主力团从邓柯过江。千里迂回玉树，从囊谦往乌齐寺赶过来，与藏军打了一仗，将其堵在竹阁寺一带的山沟里。然后进抵恩达，封死藏军代本的最后退路。然后，直驱竹阁寺，由青海骑兵连打头，阴法唐指挥的侦察连紧随其后，将藏军昌都总管和他的残兵败将的后路堵死了，最后只好放下武器，走和平之路。那天上午，采访过当年目睹这一幕的喇嘛之后，步入竹阁寺下的断垣残壁废墟中，旁边有一座玛尼堆，玛尼石长满青苔。不知何年何月，虔诚的香客雕刻后，都敬献在那里。徜徉周围，俯首而看，一个个白度姆的石雕浮现眼前。捧在手上，造像美轮美奂，便捡了三块白度姆的石雕，用一路上献给的哈达包了起来，准备带往故乡彩云之南，献给家中的老母。

从万里羌塘的边缘丁青县返回昌都后，阴法唐老爷子要坐车从川藏公路和南线。即从昌都的四川坝上达瓦拉山，驶过横断山脉之巅的五千多米的大雪山，入江达县，然后朝着金沙江畔的岗托小镇驶去，直至暮色时分，才往德格县城驶去，抵达时已经黑夜四起。在县武装部吃过晚饭，将至十点了，我还做了一次采访，有当年夏格刀登的私生女和当时他的大管家，谈至十二点钟，才将夏格刀登与德格女土司降央帕姆过结的故事，一一说来。采访结束时，已是次日凌晨。

第二天，站在一个高处的废墟上，看过德格土司府的残垣瓦砾之后，我们去了印经院，参观最古老的木刻印经版。然后，向着海拔五千多米的雀儿山驶去。

以后数天，我们过甘孜，入道浮，进霍炉，最后抵达打箭炉

（康定情歌的发祥地）。在康定的甘孜州所在地睡了一夜，然后从还在建设中的二郎山隧道穿越而过，第二天下午抵达雅安，下榻雅安迎宾馆，温润的川地，随着海拔的降低，翌日过邛崃，往成都城郭驶去，下榻成都的西藏饭店。

早晨起床，吃过早餐，送走护送我们出藏的昌都公安处白玛处长一行，我于当天下午坐民航飞机飞往昆明。在双流机场安检时，安检人员看我用哈达包了三块石头，甚为惊讶。让我打开来看，见是几块刻经和白度姆造像的石头，幸好未当成文物。这三块白度姆石刻，我送给老母亲，她看后摇了摇头说，这样的观音像不能放在家中，必须送到庙里去。

我可是千里迢迢从玉树与昌都接壤之地带回来的啊，是专门送给您老人家的。

这样的佛像只度众生，不能放在家中。

一年之后，再回故乡时，发现送给母亲的三尊白度姆石刻已经敬奉在离老街镇上不远的唐代古刹龙泉寺里，用石砌的经幢围了起来，汉地的大乘佛教与世界屋脊上的藏传佛教在彩云之南的一座唐代古刹一次民间融合。就像当年嘉那活佛从峨眉山、五台山下来，走进玉树新寨村，卸去汉地黑褐色的迦裟，换成酱红色的喇嘛服一样，已经入乡随俗了。

5

嘉那活佛在结古寺下边的新寨村住了下来，然后手把手地将汉地工匠刻经的技艺教给村里的藏族兄弟姐妹。

那天，我们沿新寨嘉那石经城转经而过，将至出口时，见一位藏族妇女在刻经。作协杨承志大姐凑上前去，向这位妇女请了一块六字真言刻成的石经，付钱之后，捧在手上，一片喜气洋洋，像得到了一件珍宝，准备带回嘉那活佛的故里去。

晚上，我们下榻于离新寨不远的一座平板房里。整夜机器声轰鸣声不绝于耳，似睡非睡，似梦非梦，恍惚之中，我听到新寨嘉那嘛呢石经城那千百工匠，一锤一凿，敲击石头的声音。长长的回响声，如磬似钟，重金属般地撞击着天空。

新寨嘛呢墙，又称嘉那嘛呢堆、嘉那嘛呢石城、新寨嘉那嘛呢。建于1715年，奠基人为藏传佛教萨迦派结古寺第一世嘉那多德桑秋帕旺，他晚年定居于结古镇新寨村。传说嘉那活佛是康巴人，可是我求证阿来大师时，他却说嘉那是汉人，来自内地，修行在峨眉山和五台山，后周游并朝拜藏区各圣地。

我翻阅震前的资料，嘉那嘛呢石堆，占地面积25亩，东西长450米、南北宽100米、高3米，规模宏大。地震之前，嘛呢石堆中间建有一座大转经堂、一座佛堂、十个大转经筒、三百多个小转经筒、十几座佛塔。石经城的佛堂内还供奉着创建石经城的第一世嘉那活佛塑像和自显嘛呢石块。

嘉那嘛呢石刻经文数量之多、雕刻持续时间之长、规模之大，为举世罕见，堪称世界之最。玉树地震后，建筑工人在清理废墟时，又挖出了许多嘛呢石，群众将其请回新寨村。

玛尼石在藏族僧俗之众，有无可取代的地位，“唵嘛呢叭咪吽”（OM MANI PADME HUM）是大慈大悲观世音菩萨咒，源于梵文，象征一切诸菩萨的慈悲与加持。六字大明咒是“唵啊吽”。佛经中解释为观音菩萨六字真经，代表解度六道众生、破除六种烦恼、修六般若行、获得六种佛身、生出六种智慧等殊胜功德。

与内地一样，每当正月初一和十五日，都有信众来此转经朝拜。

我转经在嘛呢堆里，梅卓说，藏语称嘛呢堆为“多崩”，意为“10万经石”，俯首相看，这些经石大小不一，形状各异，大如桌面，小如鸡蛋，多为六字真言。但其中也不乏珍品，有数万块刻有律法、历算、艺术论述和各种佛像的嘛呢石精品，在几块乒乓球桌大的石片上，又将整套的佛经完整地刻在很多块石头上，甚至包括封底、封面，组成一套套“经书”。据称，嘉那嘛呢石城刻的经文有近200亿字，堪称“世界第一石刻图书馆”，2006年，被列为国家级文物保护单位。

6

采访玉树震区重建的具体日程，是由次日上午开始的。我与梅卓、赵瑜兄、《文艺报》记者王觅分在杨承志书记率领的采访组里，显然是要报告文学作家扛大活。第一个采访点是离结古镇三十多公里的甘达村，即与禅古村一起新建成的两藏族村子之一。汽车一直往囊谦县方向驶去，路途不近。甘达村的村民是从附近的几个村迁来的，栖息地新建在一个朝南的山坡上，坐南朝北。我们驱车而来，车至村口便停了下来，信步入村。上午的阳光，从东山斜照下来，每家一幢小别墅，水泥路面纵横，门前皆有一块地方，拴着藏獒和奶牛，与蓝天白云相辉映。徜徉在水泥路上，看青山别墅，自有一道风景突现眼前，本想随便找一户藏族人家谈谈，可是镇上来的人非要引我们去村长洛娃家。那是新村旁边的一条山沟，在一片豌豆花开的半坡上，新盖的藏族人家在我们前边崛起，睥睨前边的公路和山沟。洛娃已站在屋前迎接我们，他是玉树地震中的全国抗震救灾模范。我们跨出车门，已有哈达敬献而来。进到村长的屋里，老两口拥有八九十平方米的房子，住得十分阔绰，屋前还有一条从山涧流淌下来的雪山之溪，淙淙作响。我采访村长的开场白，就是从这幢小屋开始的，问这是不是当年他家的地盘，洛娃一笑说，家中几个儿子都与乡亲们住到山坡上，惟有他与老伴守着祖上留下的这点根脉，故土难舍啊！

我笑了，说是不是因为你是村长，可以特殊一些，守在这块风水宝地不动。

洛娃说，不是。

我说到了冬天，若刮起西北风，呜呜的，那边山头上可是比这山窝窝里冷哟。

洛娃说，在这里建房当然比山坡上好，有雪山流水，还有两边的山谷挡住了雪风。海拔也低了不少，适宜人居。

那为何不选此地建村？

一百多户人家，这条小小的山沟住不下啊。洛娃感叹道。

我点了点头，笑了，藏族同胞的忠厚坦诚可窥一斑。

步出甘达村，驱车往下，下一个采访点系中国人民解放军援建琮八一字头的两院一校，即八一职业技术学院、玉树县八一医院和八一孤儿学校，两座院校之间仅有一路之隔，一改汶川地震重建，各大军区和军兵种多头援建，各抢彩头，费钱又费力的状况。由总后拨款，兰州军区联勤部营房部负责建设，统一对地方。房子已经封顶。站在路边远远望去，教学楼、宿舍楼水泥钢筋浇的擎天之柱，比比皆是，林林总总，其粗大皮实之态，显然是为八级以上大地震设防的，再不会出现过去那种豆腐渣工程，造成花季之殇了。工地车来人往，兰州军区联勤部的几位工程师介绍情况后，报告了一个好消息：今年秋天开学时，可以保障学生入住求学。

再下一个采风点是玉树红旗小学，为结古镇上有名的重点小学。一千多名学生在地震时，安全撤离，以零伤亡傲然玉树，创造了一个生命的奇迹。而今学校由中建第八集团援建，年轻的项目经理田辉是一个“80后”，刚至而立之年，毕业于山东建筑大学，他指着已开始外墙装修的校舍说，我们采取了很多防震防火保暖新工艺、新技术，整体的减震，最早出现于日本和德国，上海同济大学将其研究出来了。过去楼梯与过道，地震时容易伤亡，我们这一回楼梯平台与踏步间预留了滑动空间，用来抵抗地震应力，使建筑物更有柔性，不至地震时发生大面积垮塌。框架梁柱用的是HRB400的钢筋，混凝土是C30的，由搅拌站搅拌，墙面正在涂保暖材料……

田辉说，这些减震措施的采用，可抵御九级左右的大地震。

我们惊叹不已，同时更惊叹他们创造的玉树速度。2010年8月10日开工，这支从山东济南来的援建队伍在世界第三极创造了玉树奇迹：9月30日完成A区主体结构封顶，10月15日教学综合楼全部封顶，2011年5月15日通过教学综合楼主体验收，8月23日，颇有藏地特色的校园迎来2011年的第一批新生。

看过上午最后一个采访点藏医院工地，中午仍在一家川菜馆午餐。席间，杨承志书记宣布，上午采访暂告一段落，吃过午饭后，去玉树勒巴沟游览水中玛尼石。

好啊！大家欢欣鼓舞。我与赵瑜兄相视一笑。

7

入勒巴沟口，前边流过一条通天河，河边，矗立一座唐代白塔。

正午的天空晴好，从结古镇驱车出来，沿玉树河而下，然后左拐，从通天河溯流而下，在一座白塔前停车。跨出车门，哈达一样舞动的雪山之水，从沟里流淌而出，滚雪朵朵，跌落通天河，然后入金沙江、长江，穿越汉地十万八千里，回归东海。

遥想当年，东土的文成公主就在这里跨下马鞍，环顾四周，说此乃绝美之地，一河雪水向东流，流经奴的家门口，就在这里建座白塔吧。风铃声声，一句祈语，一柱梵香，都会飘向汉地，祝愿父老乡亲。于是，她从长安带来的工匠齐心协力，在此处建了一座土夯的白塔，其状与后来我见过的桑耶寺和热振寺前的经塔几乎一模一样。文成公主走过七十多年后，金城公主再度入藏和亲，将几近坍塌的公主佛塔，修葺一新。

我默默站在佛塔前祈愿，旁边堆了一座玛尼石。梅卓走过来说，老同学，我陪你转转佛塔。

谢谢！我点头道。于是，我们绕过玛尼堆，右转，与通天河并行，转了一大圈，然后回到下车之地，双手合掌，默默祝祷，然后拍了几张照片，便登车往百米之外的勒巴沟驶去。抵达一个绝壁前，玉树旅游局的一位导游带着我们穿过树丛和荆棘，走到了一个摩崖石刻前，指着佛像，说这是文公所有。我看画面，阴刻线条千年风蚀雨淋已经模糊，然人物造像和神兽依稀可见，还刻着文成公主与松赞干布大婚时的迎亲盛大场面。

人物造型和刻刀手法，颇有云岗和龙门石窟的痕迹，粗犷而不失空灵，丰盈却气韵沉雄。毫无疑问，这是当年大唐文成公主进藏前后镌刻下来的。

导游解释说，早在公元641年，文成公主进藏，玉树从此就有了汉、藏、梵三种文字的石刻。这沟里六字真言是最早的石刻，距今已有两千多年的历史。

站在勒巴沟口，听雪山水叮咚，往里眺望。一阵烟云过后，我看到文成公主站在通天河帐篷前，看到新修的白塔映入通天河的碧波之中，工匠已经刻好岩石上的岩画后，她跃身上马，与迎亲大使噶尔东赞和江夏王李宗道一起，策马朝勒巴沟驰去。见勒巴沟流水潺潺，灰头雁浮在高空莺鸣燕舞，她突然勒住缰绳，回头叫工匠，在水沟边上的一块巨石刻下西藏六字真言。在梵文里，一路上，噶尔东赞一再说六字真言被视为佛教的经典之语，亦称六字大明，汉译为“啊嘛呢叭咪吽”是佛教的根本之语。“嘛呢”梵文意为“如意宝”，表示“宝部心”；“叭咪”梵文意为“莲花”，表示“莲花部心”，以此比喻性如莲花一样纯洁无瑕；“吽”表示“金刚部心”，祈愿成就的意思，即必须依赖佛的力量，才能得到“正觉”，成就一切，普度众生，最后走向成佛之路。

往事越千年，嘉那活佛沿着这条成佛之路走过来。在新寨住下后，早就听说公主经塔和公庙皆在勒巴沟沟口和沟尾。于是，他们从新寨的嘉那寺里走了过来，意在拜谒公主经塔和公主庙，穿越勒巴沟，无意中发现了一块刻有六字真言的石头，泪水突然涌出来了。他在结古镇上发现的那块天然的嘛呢石，也许就出自于勒巴沟，出自于汉人工匠之手，只是千年水沫烟雨洗濯，成天然之状了。

嘉那活佛在勒巴沟搭帐篷里住下，手执铁锤和铁钎，在一块水中的石头上刻下了六字真言。于是，第一块水嘛呢石横空出世。来朝圣的藏族工匠们觉得好，跟着他在水边刻，一刻就是三百多年，终于形成了迄今一沟的水中嘛呢石。

我们朝勒巴沟驱车而来，往沟里走了不到百米，只见高路旁的山冈和半坡上刻着一块块嘛呢石，强烈地撞击眼球。我叫停车，跨出车门忙着去拍摄。陪同的旅游局干部说，朝前走几步，往左边的水沟里看看，尽是水中嘛呢石。

按照导引，我走进沟边。天哪！那水沟里横七竖八的巨石之上，果然刻满了六字真言，有的沉卧水中，有的岸然沟边，有的泡在水流湍急处，有的倚在一株老树下，千姿百态，洋洋大观，美轮美奂。让人觉得走进了一个藏传佛教佛经的天然博物馆里，各种经卷，应有尽有，且水中之经卷，多系六字真言。

这条水嘛呢沟长约两公里，到一处开阔地，绝壁高巍，挂了许多经幡和风马旗。转过一个弯后，两边的河谷走势突然开阔起来，绝壁消失，水中的石头也一块不见。然而越往前走，风景越美不胜收，牧场、牦牛、藏马、羊群悠然在半山坡上吃草，与搭在半山腰的夏季牧场帐篷和村郭交相辉映，恍如仙境。

这时，杨承志大姐和梅卓、赵瑜兄的车子已经驶到前边去了，我与《文艺报》王觅边走边拍照，哪里风光美，便在哪里停下来。车子盘旋而上，抵达勒巴沟山巅时，和等候我们的车子又一起出发了。我们在大经幡塔前拍照，留下祷告和祝福，然后向着一山脚下的文成公主庙驶去。

毋庸讳言，勒巴沟是我见过的玉树最美的草原，一点儿也不逊于万里羌塘，而山势走向营造的起伏连绵，逶迤如龙之姿又胜于西藏，难怪青海省委宣传部长吉狄马加将青海赠以大美之境。

抵达文成公主庙时已近傍晚，原来阳光灿烂，一片蔚蓝，蓦然回首间，便阴霾下来。在寺庙门口，我们终于赶上了杨承志书记、梅卓和赵瑜兄，脱鞋步入寺堂，佛龛上伫立着几尊石雕的菩萨造像，游历青藏高原已十余趟，我第一次见到喇嘛庙里有石雕的菩萨金刚像，其丰腴唯美从容之态，仿佛梦回大唐。

公主庙的山体之滨，是一处转经的神山，经幡舞动，围着神山转经的香客熙熙攘攘，其中不乏身材袅娜的康巴少妇，一顶遮阳的毡帽，配着淡蓝色藏式夏装，更显得楚楚动人，嫣然成媚。

拜谒过公主庙出来，便是巴塘草原天葬台，我们在超度亡灵的庙前停车，步行上前。天葬台上的小庙和经塔毁于地震，至今未修复。我紧随梅卓之后，进去远远望了一眼，便匆匆逃离了，那块庖解尸体的黑油油石头，还有一只老狗在里边徜徉，令我好不自在。唯独赵瑜兄举着尼康数码相机在里边拍摄，迟迟不肯下来。所有的人皆在等他，我连声喊了几次，瑜哥，走啦！

他仍然流连忘返。

登车之后，他怅然道，这天葬台上太诡异了，我刚装了一个从印度买的4G的卡，相机便不听使唤了，非要拍一张，删一张，方可拍摄。

呵呵！因为瑜哥冒犯了神灵。

真的吗？瑜哥有些不信，反诘我道。

当然，你看人家梅卓，就进去草草转了一圈，轻轻地进去，悄然出来，生怕惊醒那些往生的魂灵。你倒好，拍来拍去，还嫌不够。天罚啦，我打趣道。

也是，也是。瑜哥半信半疑。

走下天葬台，却见一群徒步的朝圣者，背着时尚户外行囊，沿着当年文成公主入藏的唐蕃古道，穿越巴塘草原而去。

8

青山夕阳。

我扬腕看了看表，已经是下午5时30分，该离去了，采访还有最后一站，铁二局援建的玉树民族中学还在等着我们采访。

仍然是一个大转山的轮回，中午，车子驶出结古镇出发，向东至通天河，顺河而下，在勒巴沟入口调头，朝北而入，北行至巴塘草原，然后西行，转回结古镇。

转山归来，入结古镇，已经是黄昏时分，车入玉树民族中学工地，工程已近竣工之时，一座现代化的学校拔地而起。铁二局负责援建的领导很热情，硬要请我们去他们指挥部驻地座谈。踏着斜阳而去，驶入结古镇西边一个临时搭建的板房里，会议室挂出“热烈欢迎中国作家赴铁二局援建指挥部采访”的横幅标语，参与座谈会的都是一批“80后”，每个建设者的故事都很感人，当年在写青藏铁路时，我曾采访过他们中间的一些人，有一种天然的西藏情结和亲近感。

一群来自黑衣之邦的汉地儿女，如文成公主、金城公主、嘉那活佛，还有那些历朝历代的普通人，一如现在玉树地震支援的建设者一样，为青藏高原藏族同胞的幸福安康，默默地尽一点绵薄之力。

此时，暮霭四起，我们走出铁二局的指挥部，东方天穹的晚霞消失了，朝远天眺望，那边是我们生于斯、长于斯的黑衣之邦。

明天下午我将回去。胡不归兮？

玉树，国树

彭见明

当年李白写下“黄河之水天上来”的诗句时，估计他是想体验一下生活，寻找这条大河的源头的，可能因高原反应无法爬上青藏高原而放弃，那与登天一般难的地方，差不多就是天上了，于是他便写下了这样的诗句。在他的众多作品中，没有一首是写高原的，可以看出来他是没有完成他了解黄河源头的夙愿的。

很多很多人从李白的诗句中得知黄河之水是从“天上来”的，但很多很多人忽略了另外两条大河也是从“天上来”，一条是和黄河一样贯穿祖国大陆的长江，另一条是流过了祖国还流过了几个国家才入海的澜沧江。青海玉树，齐聚着三条大河的源头活水，在27万平方公里的山川壑谷间，几千个高山湖泊和无数的湿地，积蓄着40%的长江水、38%的澜沧江水、20%的黄河水。人们称这里是“中华水塔”，很形象，也很准确，有了这座水塔的积蓄和天然的分派，才有了三条大江不息的生命，有了滋润大半个中国千万年的贡献。

在玉树，很难见到树，无边无际的高山草地，仅有草的绒伏，少有树的矗立。古人为何要给一个少树的地方冠以“树”的大名？当我们想到“水”的时候，才觉得这个“树”字用得名副其实，当之无愧有着真正的树的最大担当。有个成语叫做冰清玉洁，形容人的操行高尚，更是形容银装的冰雪世界。冰雪融时即成水，骤成流。玉树者，便是冰做的树，水铸的魂。这棵参天大树，以她巨大的根须，遍布在几十万平方公里的地域里，吸纳和积蓄着来自雪山和云端的所有水分。根须即水，玉即水，玉树即是水的化身和象征。我们常称黄河是中华民族的母亲河，也有称水量充足、四季长流的长江为母亲河的，看来，他们共同的母亲，是被称作玉树的天使，她的乳汁让他们无比强壮，她的甘露，让广袤的大地得以滋润。

玉树，华夏的水母——看来，一个“水塔”的概括，是多么的浅表。

玉树地震损失严重，重建需大投入，但前提是不牺牲环境。

中央和地方政府已出台一系列保护“水母”的近、远景规划和政策。

玉树的玛多县，平均每两平方公里才有一个人口，而退牧还草的视野并没有忽视这些地方……

对于三江源头来说，这都是极好的消息。

玉树，海拔六千米以上的高山就有六千多座，堪称“万山之

众”，这便是这棵大树的根须。在每一个山谷的根部，终年流淌着大大小小的溪流，他们在流过比黄河、长江、澜沧江还长很多倍的路程后，才表现出奔腾远行的姿态，去造福遥远的地方。我在长江中游旁的一个城市里生活过十年，去江边听涛是经常的事情，那时候感受到的，只是大江东去的伟岸。而当我坐在玉树的一片草地上，读着来自雪山上的世界上最干净的水时，我没有力量再抒发一个所谓文人的感慨。

如果科学家说的水是生命之源的话是对的，那么我要说的是，玉树，即是我们的国树。

圣洁的高原

尹汉胤

从西宁出发，沿214国道一路绝尘而行，目的地——玉树。夏季的青藏高原，视野中流动着醉人的绿色旋律，鲜艳的格桑花，摇缀在草原上，一簇簇翘首斜睨着羁旅蓝天的白云。公路似袅动在原野的哈达，聆听着高原风语，系着山峦、牵着草原，伸向遥远的天边。

一片如火如荼的油菜花，耀人眼目地出现在前方。透过飞驰的车窗望去，金黄色的油菜花，怒放在山坡上，犹如椽巨笔泼墨于大地的现代水墨，随域付形的图案中，似乎蕴含着某种生命符号，让人浮想联翩。只有在这雄浑的高原上，才会诞生如此壮阔豪迈的天然之作。

然而，真正的高原圣境，是阿尼玛卿雪山。阿尼玛卿雪山，与西藏的冈仁波钦雪山、云南的梅里雪山、玉树的尕朵觉沃雪山，并称为藏传佛教的四大神山。“阿尼”是安多藏语先祖之意，含有美丽、幸福、博大、无畏之意。而“玛卿”即黄河源头最大的山，位于青海果洛州玛沁县西北，海拔6282米。

通往阿尼玛卿雪山的道路异常艰难。一路都是坑坑洼洼的泥泞土路，人在车中，如置身于滚动的笼中，剧烈的颠簸，使人只能紧紧抓住把手吊在车中。随着海拔的升高，视野中生命迹象在渐渐消失。而就在这人迹罕至的高原上，却迎面走来了一位藏族同胞，身后一头牦牛驮着简单的行囊。我以为他是在迁徙途中，一问才知，他是在围着阿尼玛卿雪山虔诚地转山。围阿尼玛卿雪山转一圈，最快也要十几天吧，在气候如此恶劣的高原上，行走在艰辛坎坷、风餐露宿之途，可以想象其对身心的考验。只有拥有坚定信仰之人，才会具有如此的定力与修持。望着他渐渐远去的背影，心中涌起敬意的同时，对阿尼玛卿雪山更充满了向往之情。经日月星辰沐浴，风霜雨雪磨砺，巍然挺立的阿尼玛卿雪山，凝聚起的已不是山川陵故地理的山峰，她已然成为了万物灵魂原始寄居圣地。人们不顾艰辛来此朝圣，就是想让心灵重归圣洁的原始，获得一次身心的洗礼。

在颠簸得疲惫至极之时，车子终于停下。车门开启，一股冷风，使人为之一颤，寒冷提醒人们，这里已是海拔5000多米的高原。环顾四周，我们已立于一个乱石狼藉的台地，对面便是阿尼玛卿雪山。踏着乱石小心翼翼前行，只见匍匐在地的石头上，附着着绯红色的地衣。这种植物，诞生于远古，是真菌与藻类的共生体，生长中会分泌出一种“地衣酸”，漫漫岁月中，它能将岩石风化为土壤，为万物生长创造出生存环境。别看它形态丑陋，

却性自高洁，只生存于清洁环境中，一旦环境污染，便会殉洁而死。在生物起源意义上，它无疑是伟大的牺牲者。仔细观察，寄生于冰冷岩石上的地衣，呈现出雨花石般的各种斑纹图案，在世纪年轮中，默默将岩石分解为土壤微粒，随高原清洁的山风、纯洁的雪水，漂泊到遥远陌生的地方。或许，这就是阿尼玛卿雪山创造生命的一种形式吧。

此刻的阿尼玛卿雪山，巅峰包裹在厚厚的云中，远远望去，阿尼玛卿雪山顶天立地，似与天地成为了一体。一道洁白晶莹的雪线，玉带般维系在天地间。当地朋友介绍，来阿尼玛卿雪山，十有八九是看不到她的全貌的。但每一次面对她，你都会看到不同的景色，给予你决然不同的观感。闻听此言，大家纷纷举起相机，记录下阿尼玛卿雪山此刻的真容。

忽然，天空中飞扬起了雪花。仔细一看，原来是朝圣者在抛洒风马。在阿尼玛卿雪山背景下，纷纷扬扬的风马，翻飞飘舞在空中，寂静的高原空气中，回荡着来自远古的隐隐诵经声。

雄峙于地球之巅的青藏高原，以吐纳天地的博大胸怀，源远流长的圣洁雪水，孕育了黄河、长江、澜沧江，成为中华民族生生不息的生命源泉、文明血脉。

告别阿尼玛卿雪山，向玛多（藏语，源头）进发。黄河发源地上的扎陵湖、鄂陵湖，安详如一对卵巢，遥相而望、彼此牵系，静谧地栖息在高原深处。行驶在玛多草原，会让人感受到母性胸怀的温馨，豁然开朗的山谷中，星罗棋布地散落着无数大小湖泊，举目望去，一个个湖泊，倒映着湛蓝的天空、洁白的云朵，使人有种天地倒悬的错觉，原来这里就是浪漫多情的星宿海。放眼天际，线条柔美的高原山脉，似随风在缓缓波动，婀娜的白云，静静息于天边，像是高原肺腑呼出的气息，缓慢变幻着形态，低得仿佛伸手就可触摸到。

辽远的牧场上，散布着无忧无虑啃食着青草的牛羊，悠闲的牧人，骑在马上彪悍的身影，剪影般从云中掠过。面对眼前的原始生命图景，会让你在这一刻，铭心真实地理解了生命自由的意义，由衷地感慨在这距离天空最近的高原上，竟依然保持着原生态的生命景象。

夜幕深沉中，我们终于到达了玉树。没想到，此刻的玉树，道路上仍繁忙地往来着各种车辆，仔细观察，多是拉着各种建筑材料的卡车。可以想见玉树的灾后重建，正在争分夺秒、紧张有序地进行着。

第二天，曙光染红了山巅。饱经沧桑的玉树，在晨光中迎来了新的一天。地震两周年后的玉树，到处都是热火朝天的建筑工地，未来的玉树，正在世人期待的目光中，渐渐揭开面纱。我们的车子，在拥挤的车流中缓缓而行。前面不远处，现出一片色彩鲜艳的藏式建筑，在凌乱的脚手架中，格外显眼。一问，那是刚刚竣工的玉树藏医院。车子经过时，见这座藏医院的建筑规模、外观设计，既富现代意识，又具民族风格。为方便群众就医，医院特意建在了交通便利的交通路口上。望着这座即将造福于玉树藏族同胞的现代化医院，每个人脸上，都呈现出欣慰之情。

在当地文联同志引导下，我们来到一处尚未完工的施工现场，迎门一幅巨大的建筑设计图告诉人们，正在施工的是玉树博物馆。博物馆的建筑设计很富特色，充满动感的螺旋线条，使整个建筑蕴藉着凝固的张力。建筑色彩采用当地岩石的颜色，与玉树自然山川非常和谐。据介绍，这座博物馆，是玉树的重点文化工程，未来将成为人们了解玉树藏族历史文化的重要窗口。古老的藏族文化，是凝聚藏族同胞心灵记忆的精神载体。地震中玉树藏族同胞，面对灾难表现出的从容淡定，给世人留下了深刻的印象。藏族同胞坚韧的生命力、藏传佛教的生死观，无疑赋予了他们对生命深刻独特的理解。历史上，玉树曾历经磨难，面对各种天灾人祸，他们始终平静地以自然顺生、恩及大地的生存理念，不离不弃、不改初衷地坚守在玉树（藏语，遗址）。

在玉树，让人们期待的还有很多，当我们走进刚刚竣工的玉树民族中学，不禁眼睛一亮。这座新建的民族中学，是在原来旧校区废墟上重建的，新校区比旧校区扩大了好几倍。校园内建有足球场、篮球馆，教学楼中的教室宽敞明亮，阶梯教室、实验室、图书馆一应俱全。让人感动的是，在教学楼顶层，还特意为藏族师生装修了一间藏式文化活动室。宽大的活动室，完全按藏族风格装饰彩绘，藏经阁式的书柜、传统民族图案的桌椅、一幅巨大的唐卡，使整个活动室充满了浓郁的藏文化氛围，置身其中，令人感慨不已。玉树灾后重建，如果各项工程，都能充分尊重藏族历史文化，与玉树山川地貌和谐不悖，让藏族同胞在未来的岁月中，面对世代聚居的故乡，记忆得以延续，文化得以传承，生活不感觉陌生，我想这样的重建，才是玉树藏族同胞所期盼的。

玉树地处高原，气候寒冷，每年的施工期非常短暂。灾后重建工作百废待兴，两年的重建中，最先建成的是医院、学校、百姓住房。而当我们走进举行座谈会的玉树州委、州政府办公处时，发现这里还是简易的临时建筑，给大家留下了深刻印象。

地处青、川、藏交界的玉树，属康巴藏族。历史上被藏族人民尊为"迎佛路"的唐蕃古道，玉树是途中的枢纽重镇。这条穿越1300多年的历史古道，见证了中华民族的历史演变、民族融合。漫漫长路，将中原与青海、四川、西藏、尼泊尔、印度连接起来；千年古道，往来着各种货物、传播着各种文化。藏传佛教在玉树已有800年的历史，玉树地震后，各处寺院得以最先修复。在玉树期间，我们有幸遇上歇武寺活佛的坐床仪式。那天一早，我们赶到美丽的嘉塘草原，眼前的景象让人仿佛置身在远古的部落节日。从各地赶来的藏族同胞，络绎不绝地汇集于此，草原上遍布着各色帐篷。在一块开阔的草地上，搭起一座庄严肃穆的黄色帐篷，里面陈设着仪式所需的各种法器。来此的藏族同胞，从老人到孩子，身着隆重的节日盛装，尤其是妇女的装束，可谓草原的一道绚丽风景。服装、发型、佩饰，珠光宝气、内蕴丰富、楚楚动人。恐怕只有在这一时刻，才会有机会如此集中地领略到藏文化的精髓。

仪式开始，人们排起队伍，鱼贯进入黄色帐篷，垂垂老者、怀中孩子，都虔诚地来到小活佛面前，接受他的摸顶。通过他的手，将不相识人们的心灵沟通起来，赐福的同时，也获得了心灵的沟通。摸过顶的人们，欣喜地回到草原，开始了与天地共舞的欢庆时刻，奔放绚丽的舞蹈，立刻将草原沸腾了。舞蹈的人们，长袖拂动着白云，歌声激荡着高原，这一刻，天地通过藏族同胞的舞蹈，又一次融为了一体。

称多康囊寺，建于1207年，至今已有800多年历史。坐落在嘉塘草原一处山坡上，寺庙依山而建，建筑宏伟。踏着层层石阶走入寺门，寺中供奉着一尊高达十几米的金刚释迦牟尼佛像，四周的墙壁上，绘有精美的宗教壁画。

热情的康囊格西·喇嘛彭措仁波切介绍，目前寺中有400多僧侣，开设有藏、汉、英文化课程及五部论著的研修班。同时还为当地群众开办有民族服装制作、唐卡绘画、民族舞蹈培训，以使民族文化得以传承光大。

站在康囊寺顶，极目远望，美丽的嘉塘草原，绿草茵茵，一派生机。蜿蜒的河水，泛着晶莹的波光，沉醉地静静流淌着。只见几个穿着红色袈裟的小僧人，追逐嬉戏在草原上，阵阵笑声，荡漾在充满阳光的草原上。聚居在青藏高原的藏族同胞，世代与蓝天、草原、牛羊相伴，性情温和，勤劳善良。藏传佛教净化着他们的心灵，使他们在生命中敬畏自然、感恩山川、热爱故乡。望着这些善良的人们，我怎么也想不通，会出现“3.14打砸事件”！是什么改变了他们善良的心灵？望着眼前这祥和的景象，我在心中苦苦思索着……

在告别玉树的飞机上，我透过舷窗，深情地俯瞰着机翼下空灵的青藏高原。晶莹闪光的溪水，在阳光下，像一条条金线，缠绕在峡谷间，于远方聚拢为一道金灿灿的巨流。随着飞机的升高，一座座山岳，逐渐变为莽莽山脉。在夕阳映照下，起伏的山峦，呈现出波纹般的阴影，宛若万顷碧波，荡漾在浩瀚的高原，苍山如海，动人心魄。望着这光影杰作，我仿佛看到了亿万年前，一派汪洋的地球。正是这率先崛起的青藏高原，造就了中华大地，开启了万物生命。就在此时，更大的惊喜出现了，一轮巨大的佛光，灿烂辉煌地出现在高原上。千山万壑，一时都安详地沉浸在佛光中，好像一幅天地一宇、佛光普照的巨大唐卡，铺展在广阔无垠的青藏高原上。

此刻，我耳际隐隐响起了藏族英雄史诗《格萨尔》的吟咏声，这部传颂千年的英雄史诗，在说唱艺人一代代的口头传唱中，将驰骋于这片高原，藏族英雄格萨尔传奇的一生，以诗的形式讲述给后人，并在诗中伴随着格萨尔的生命历程，融汇着藏族同胞的生命寄托、族群记忆、民间智慧，成为藏民族心中不朽的精神象征。莽莽苍苍的青藏高原，纵横深邃的地质褶皱中，不仅蕴藉着远古海洋的澎湃涛声，更升腾着一个古老民族的现代诗性。

远处一片碧蓝的湖水，便是被青藏高原举起，慧眼般凝望着世界，澄净醉人的青海湖。亿万年来，她心中始终珍藏着远古海洋的纯净记忆，蕴藏着大地未萌时的宇宙灵光，静静守望在高原上。如今，在青海湖畔，聚集起来自世界不同种族、不同语言、不同信仰、不同文化的各国诗人，面对这远古的圣水，在湖畔矗立起一块“青海湖国际诗歌节”诗碑，以对生命的礼赞、人性的呼唤、文化的包容，用各种语言向世界郑重宣告：“青海是人类诗和歌的最早摇篮之一，在长江、黄河和澜沧江的发源地，在苍茫的雪域高原，诗的圣灵之光，召唤中国和世界各国的诗人，汇聚于中国美丽的青海湖畔，在这里见证一个事实，那就是以诗人的良知和诗歌的神圣，庄严发布青海湖诗歌宣言。我们永远也不会停止对诗歌女神的呼唤，我们在这里，面对圣洁的青海湖承诺：我们将以诗的名义，把敬畏还给自然，把自由还给生命，把尊严还给文明，把爱与美还给世界，让诗歌重返人类生活！”

世界诗人将这一共同宣言，在青海湖畔庄严发布，是再恰当不过了。是圣洁的青藏高原，造就了源远流长的中华诗歌。3000年前，黄河孕育了伟大的《诗经》；2000年前，长江哺育了伟大诗人屈原和他的《楚辞》。由此开启了中华民族为天地立心、唤万物尽性，激荡于神州大地，奔腾不息的诗性血脉。

莽莽群山渐渐远去，视野中出现了田野、河流、村落、城市……凝结着原始圣灵之光的青藏高原，渐渐隐身在了苍茫宇宙之中。要知道，正是她的存在，才让人类在她面前意识到了灵魂的卑微、生命的渺小。当人们登上她的海拔高度，呼吸到高原清洁的空气，聆听到来自远古时空的回声时，相信会使每一个来到她面前的人们，在获得一次生命攀升的愉悦时，还会获得一次重归母腹般的生命重生。

圣洁的高原，我还会再来！我知道你也在期待着世间的人们，以一颗圣洁的心灵，幸福自由地生活在世界上！

血脉连玉树

梅卓

那天一如既往，天空湛蓝，没有什么不祥的预兆。我正在党校上课，接到在天津读书的外甥女的短信：“地震没事吧？”我顺手回道：“没地震啊。”刚过几分钟同学们就陆续证实：地震了，在玉树，在结古，震级7.1、有人员伤亡……再也无心听课，大家来到走廊里互相传看短信。班上有玉树领导、有医院院长、有公安局长，他们已经迅速做出反应，开始布置救援工作。我非常焦虑，玉树所有朋友的电话都打不通，握着发烫的手机，脑子里一片混沌。

玉树怎么样了？这是那天惟一的念头。晚上坐在电脑前，翻看十多年来在玉树拍下的照片。玉树在屏幕上是彩色的：蓝色扎曲河臂弯里的白塔，碧绿巴塘深处的红墙，盛装女子的温婉目光，威武男子的红色璎珞，冬天的白色山峦，夏天的歌舞狂欢，一幕幕从记忆里浮现。吉祥、美好的玉树怎么会遭遇灾难呢？肯定不会。但越来越多的明确报道，又让我疑惑起来。就这样左思右想，一夜无眠。

震后第三天，我们经过17个小时的颠簸赶到800多公里外的结古。此时此刻，结古云集着救援队、解放军、武警官兵、医生、志愿者、僧侣，有汉族、藏族、回族、维吾尔族、羌族，上至中央领导、下至普通百姓，人类最高尚的情感在每个人的心间传递——正如兰州军区政委、现场指挥员李长才所说：“在灾害面前不分军民、不分藏汉、不分僧俗，大家一条心、一个目标：坚决战胜自然灾害。”

隔天的傍晚，结古镇拥堵的交通状况刚刚有所缓解，漫天黄沙也渐趋平息，当地朋友陪我去了禅古寺。寺院位于结古镇南西航村所在的禅古山腰，建于公元12世纪，是玉树地区著名的噶玛噶举派寺院。地震之后禅古寺满目疮痍的景象刺疼了我的眼睛，沿山而上的白塔倾圮数座，描画着鲜艳图案的寺院建筑成为废墟，到处都是触目惊心的残垣断壁。

成立巴松堪布告诉我，14日凌晨，那个黑暗时刻到来时，他和另外几位僧侣正准备上早课，眨眼间，突如其来的地动山摇就把他们掩埋在了轰然倒塌的大经堂之中，不知过了多久，其他僧侣把他们挖了出来，当他重见天日后，看到尘土满天之中的寺院已经面目全非，慌乱的人群在活佛和堪布们带领下镇定下来，赶紧组织自救。粗略估计一下，全寺260位僧侣中，有23位罹难，受伤88人，260间僧舍倒塌，三座大经堂成为废墟，一座佛学院、两座闭关中心、一座护法殿夷为平地，接待室和图书室地基塌陷，墙体裂开，还有23座佛塔碎裂为瓦砾……损失的价值无法估计。

许多救援队、消防队、医疗队都先后前来进行救援，现在88名伤员中，一部分重伤者已送往成都、西宁救治。我看到他的脸颊和手背上还有血痂。成立巴松堪布特别提到温家宝总理来寺院视察灾情时给予他们的精神慰藉，温总理说发生这么大的灾难他本人非常难过，希望大家不要失去信心，将来寺院一定会重建，禅古寺的明天一定会更好。

成立巴松堪布说温总理的话让他心中非常温暖。作为一名僧侣，看到寺院顷刻间化为乌有，就像一名失去家园的孤儿，感到无依无靠，如今有国家的强力支持，有那么多好心人的帮助，我

们真的充满感激。

在我们谈话间，忽然耳畔传来熟悉的乡音，转眼一望，只见一辆刚开来的大型救灾物资卡车上拉着一条横幅：化隆县乙什扎村僧俗群众心系灾区。原来是我家乡的人啊，我们的手紧紧握在一起。村支书万玛才让告诉我，他们带来了方便面、牛奶、饼干、面粉、大米、矿泉水、火腿肠等等，还有乡亲们特意赶制的340个大馍馍，总计有四万余元。我的喉头哽咽，我的家乡也是个极其贫困的地区，对他们来说，饼干、大米、火腿肠、矿泉水都是奢侈品，平时自己是舍不得吃的，有的人家孩子考上大学都供养不起，这次能够倾其所有拿出这么多物资来救济灾区，有难同当的决心可见一斑。随着在灾区所见，其实像我家乡的这种例子比比皆是，西部尤其是藏区都是不富裕的地方，但人们心系灾区、共御灾难的精神彰显出人性中最宝贵、最美好的一面。

禅古寺是青海省级文物保护单位，这次地震中，90%建筑成为废墟，建筑文物损失最为严重。在藏族文化传统中，寺院不仅是宗教场所，也是一座座学校，更是一座座博物馆，收藏着具有重要文化价值的各种文物，这些文物代表着藏族的文化历史和文化精神，其意义非同寻常。正是基于这种认识，救灾过程中对文物的抢救和保护也显得非常重要。4月18日上午8时，第二炮兵某部出动270名官兵、车辆9台，赶赴禅古寺挖掘被掩埋的文物。同时还请来地方文物局的专业人员，对一些较大文物的挖掘和移动进行指导，防止珍贵文物出现损毁。该部政委许凤忠说："保护藏族文化遗产是我们救援的任务之一，我们将竭尽全力把藏族文化遗产的损失降到最低程度。"

古老的玉树，见证了自然灾害的严酷，更见证了大灾难后全国各族人民血脉相连、同气连枝的救助和保护、慈悲和爱心。人类生存至今，正是因为凝聚着这样伟大的精神。我们相信，所有真诚帮助玉树的人们都有一个共同的愿望，希望玉树能够很快振作起来，重建家园、重建信心，同时重建起那久已延续下来并且得到珍贵传承的玉树文明。

高原上的嘛呢

素 素

1

这个世界不安宁了，这个地球也不安宁了。人类越想过平静的日子，灾难就越是比以往更多。我想，也许它和过去一样多，只是不论在哪里发生了，分秒钟之后，地点就被锁定，无数的人就千山万水义不容辞地朝那里聚集，一场惊天动地的大营救就开始了。也许真比过去多了，于是让更多的人陷入迷惑和慌恐，也让更多的人开始思索天气变暖环境恶化带来的问题。有的灾难非人力可以避免，那就等它来过之后，再把失去的一切找回来。有的灾难属于人类的自戕造成的自失，那就痛定思痛，让有害物质和行为不再四处扩散。命运无常，生活继续，这就是灾难教给人类的一种态度。

在汶川地震之后，玉树也地震了。我曾奇怪，青藏高原本身就是一场大地震铸就的一个奇迹，亿万年前的喜马拉雅造山运动，将它隆起并凝固为地球表面最厚的一个板块，这里理应是万古安全之地，怎么可能会被一场级别并不高的地震给摇晃得破碎了？然而，一年前的那个早上，一直不怎么安分的地球，大概是使出了吃奶的力气，果真撼动了这片坚硬的高原。

灾难发生的时候，我正坐在海边零海拔的家中，当电视把高原上那个千疮百孔的小镇送到我的面前，当看到有的救灾官兵因为缺氧而晕倒，我的呼吸也跟着困难了起来。受了伤的玉树，马上成了一个与我骨肉相连的地方。

今年七月，终于有机会来玉树探望。尽管此前的一次西藏之行曾让我饱受高原反应之苦，可是为了亲见受灾之后的玉树，我决定再来吃一次苦。

震中在结古镇。我喜欢这个名字。不是结冰，也不是结果，而是结古。我想，一定是亘古的古。数亿年前生成的高原，在这里不动声色地焐了好久，到底诞出了一个人间烟火的小镇。一段深缘，就这么结下了。地震似乎是故意搅局，考验它们之间是不是真的亘古也拆不散。

如果说，地震是王母娘娘，结古镇与高原是一对恋人，那么王母娘娘输给了爱情。结古虽然是个小镇，却是玉树的首府，州和县都设在流过镇内的一条河边。这条河叫扎曲，它是长江源头的一个支流，先流入通天河，随通天河流入金沙江，再随金沙江流入长江。就是说，扎曲是结古镇的母亲河，结古镇是长江源所在地。在剧烈的山摇地动中，结古镇并没有飞出去，而是就匍匐在这条清澈的河边。扎曲河也并没有改道，仍不离不弃地陪着小镇。这是夏天，它还带着雪山的体温，却不倦地唱着歌，似在安慰受了重伤的高原和小镇。

结古镇还没有站立起来，我们的车只能在格萨尔广场作短暂的停留。广场四周也都是一片废墟，完好无缺的只有广场中间这尊格萨尔王青铜雕像，别的地方都已没了高度，骑在马上的格萨尔王在蓝天白云下越发显得英俊挺拔。这里有许多转经者，正围绕着雕像，边走边念。地震之前，这里就是他们常来转经的地方。地震过后，格萨尔王还屹立着，玉树还活着，他们一定认为与自己的虔诚有关，更要在这里念上千遍万遍的经文。我们这一群人的到来，并没有影响他们的脚步，此刻在他们的眼里，只有格萨尔王。在这个世界上，有三首著名的英雄史诗，《格萨尔王》是其中最长的一首。也许因为阿来曾以小说的形式写过格萨尔王，站在强烈的阳光下，他的凝视比我们任何一个人都有深意，也更长久。

2

在玉树的几天，听到最多的一个词是嘛呢。离结古镇不远，有一个新寨村，有人叫它石经城，也有人叫它嘉那嘛呢。嘉那是一位活佛，他的母土在藏区，可他曾在汉地游学过，因为有这样的经历，而有了嘉那之名。听阿来说，在藏语里，嘉那是穿黑衣的人，指的是汉人；嘉格是穿白衣的人，指的是印度人。嘉那嘛呢，意思是由嘉那活佛放置在这里的嘛呢石，也就是石经城的第一块嘛呢石。此后，在长达一千七百多年的时光里，嘉那的追随者已在这里存放了二十五亿多块嘛呢石，它也成了世界上最大的一面嘛呢墙，因而在吉尼斯纪录里占了一席。

我想，在这面墙上存放嘛呢石的人，一定不是为了什么纪录而来，他们只是通过嘛呢石表达自己的信仰。每天的口念是一种形式，刻在石上是另一种形式。刻一块嘛呢石，等于念了成千上万次经文。日积月累，就形成了这样一道人文奇观。它在高原之下，却比高原还高。

藏文的书写方式，有点像汉语的美术字，有一种说不出的韵味。凑上前细看，最多的是六字真言，为了能看得清楚，有阴文和阳文之分，也有的给字母加了绿黄红不同的色彩。字数多的，显然是把一本经书刻在了石上，字迹密密麻麻，笔划认真而清晰。我听说，新寨村没有文盲，男女老少都是藏语言学家，而许多人的终生职业就是刻嘛呢石。来这里转经的人，有的是自带刻好的嘛呢石，更多的是在新寨村买刻好了的嘛呢石。

在嘛呢墙附近，我发现了一个卖嘛呢石的地摊，蹲下来问摆摊的老人多少钱一块，她说只卖两元，你随便挑吧。我买了两块，并学着别人的样子，一块留给自己带回家中，一块存放在嘛呢墙上。虽然看不懂藏文，可我知道上面刻的是六字真言。于是，小心地让我的这一块与先来的那一块相挨着，让它成为这面巨大的嘛呢墙的一分子，将来只要想起结古镇的新寨村，就会想起我亲手放在这里的一块嘛呢石。

这是一面闪耀着神性的嘛呢墙，地震将它原有的秩序和肌理打乱了，工工整整的嘛呢墙一下子变成了嘛呢堆。然而，它们彼此并没有离散，还是紧紧地聚拢在一起，仍然是墙，也仍然是城，五光十色的石块，大大小小，层层叠叠，给人一种温暖而强烈的震撼。每逢农历的初一和十五，来这里转经的人格外多。玉树人认为，这个日子转经，要比平时有更大的福报。

我们去新寨村的那天，正好是农历六月十五，天气非常炎热，人们却穿着厚厚的藏式长袍，像过盛大的节日一样，围绕着嘉那嘛呢不停地转经。在他们脸上，没有哀愁，也没有抱怨，日出日落，平淡如常，地震既没有改变他们的生活，也没有改变他们的信仰。一个戴着藏式礼帽的小伙子见我要给他拍照，面色谦和地停下了脚步，对着镜头笑的时候，嘴里仍在念着不能断句的经文。

3

结古镇有一条勒巴沟。这里是历史上著名的唐蕃古道。走到沟口，就看到了一个高大的牌坊，旁边还立了一块石碑，上面刻的是汉、藏、英三种语言。在它的指引下，我在沟口的岩壁上看到了一幅千年以前的摩崖画，佛祖高高在上，松赞干布与文成公主跪姿以敬。向沟里面走，还有一面摩崖画，那是后来入藏的金城公主留下的遗迹。关于唐蕃古道，这是一个更加可信的佐证。

一条勒巴沟，走过了两位大唐公主。她们的足迹，感动了上天，也感动了大地。于是，在这条隐入山沟的唐蕃古道旁，就有了一座香火鼎盛的文成公主庙。农历六月十五，来这里的人也很多，像汉族人赶庙会般热闹。女人们精心地打扮着自己，新结了发辫，把所有的首饰也都戴上了。阳光过于强烈，她们不想晒黑自己，就戴一顶欧式的遮阳帽。距这里远的家庭，还自带了中午饭，一家人从庙里出来，就坐在河边的草地上吃野餐。他们一定认为，这样的日子，这一切的一切，与文成公主有关，即使地震了，也不能阻碍他们来这里朝拜。

原以为，嘛呢都在新寨村。来到勒巴沟，始知嘛呢在这条山沟更是随处可见的风景。其实，沿着勒巴沟走，就是沿着勒巴河走。一路上都是嘛呢，一路上却都是不一样的嘛呢。把经文刻在两侧的山体上，叫山嘛呢，把经文刻在河里的石头上，叫水嘛呢。阿来是藏地通，他指着山坡上猎猎飘舞着的经幡说，那也是嘛呢，风嘛呢。过了不一会儿，山上传来了一阵嘹亮的歌声，我说，这是歌嘛呢吧？阿来说，是。我便在心里想，这真是一片被嘛呢祝福的高原。在这样的地方，灾难能改变什么呢？

其实，受过重创的玉树，并没有我想得那么糟糕。来玉树之前，我把玉树给矮化了，或者说，我低估了这片高原，以及生活在这片高原上的人。记得，在来玉树之前，我们先在西宁待了两天。辞别的晚宴上，青海省委书记强卫曾风趣地说，现在的玉树，可以用八个字形容：乱七八糟，热火朝天。真正理解这八个字的深意，当然是在来到玉树之后。我发现，前一句是文学语言，后一句是新闻语言，虽然逻辑上很冲突，却找不出更准确的词来替换。

玉树州有几个县，所谓的玉树地震，受灾最严重的地方是玉树县，玉树县也不是所有的地方都严重，只有县城所在地结古镇是重灾区。车在镇内穿行，满目皆是起重机、运输车、混凝土制作罐、免烧砖加工厂、民政救灾帐篷，还有与之相配套的五金铺、修车铺、小卖铺、手机充值点、盒饭供应车以及各种风味小吃。尽管艰苦，尽管简陋，尽管尘土飞扬，尽管不敢洗澡，尽管呼吸困难，为了玉树重建，所有的爱都争先恐后地来了，就像两年前为了汶川那样。

可以想象，不久的将来，在扎曲河边，一个浴火重生的结古镇就将楚楚生动地站立起来。那个时候，会有更多的人来到勒巴沟。那个时候，这里的山嘛呢、水嘛呢、风嘛呢、歌嘛呢也会更多。

4

巴塘是结古镇下面的一个乡，它所在的地方叫巴塘草原，这里也是玉树最美的风景之一。

那天下午，我专程去看承担援建任务的辽宁老乡。援建前线指挥部与州政府一样，也是在临时搭建的板房里办公。指挥部旁边就是施工现场，体量大一点的楼房是医院、学校和敬老院，独立式的小楼则是一家一栋藏族民居。我的辽宁老乡都是省建设厅派来的专家，主要是负责规划设计和项目监理，当然还包括环境、地质以及灾害评估，他们只管把住技术和质量关，工程的活儿由中标单位承建。

据我所知，玉树4月14日发生地震，辽宁援建队5月4日入场。在前线指挥部，我见到了建设厅建设市场管理处的王旭增处长。他是沈阳人，今年三十四岁，看他嘴唇的颜色就知道，他的身体已严重缺氧。果然听他说，心脏有点儿问题，去年10月进入现场，可能在这里待得太久了。他的前任之所以离开这里，也是因为身体极度不适。的确，高纬度和高海拔不是一个概念，地处高纬度的辽宁只是冬天稍冷一点儿，玉树却是一年四季都在高海拔的地方。我的同乡们最大的困难，就是没完没了的高原反应。

然而，高原反应并没有影响援建进度。八百四十三户民居，一年内就建好了七百二十四户，剩下的一百多户，今年底即可全部入住。在巴塘乡两千多平方公里的草原上，一共分布着七个村，其中有四个农业村，三个牧业村。按照新的规划，百分之八十的人口适度集中，还有百分之二十分散居住。牧民的居住总是与草场相依，最远的两户牧民竟在一百多公里之外。我的同乡中，有一位是专门从布隆迪调回来的专家，为了给最远的这两户牧民设计房屋，途中要走通天河上游最险峻的一段悬崖峭壁，还要忍受头晕目眩的高原反应。说起这一段，他的心跳还像当初一样超速。

坐在指挥部里的几位辽宁老乡，其实都是三十岁左右的年轻人，由于缺氧和紫外线照射，他们都显得比实际年龄大出好几岁。玉树地震创造了一个世界之最，就是它发生在海拔最高的地区。而整个结古镇援建工地，巴塘草原又处在最高的海拔上，从未有过高原工作经验的辽宁老乡，每天是在将近四千米高的地方用脑动手，再加上年轻本来就耗氧，身体所受的损伤可想而知。

其间，我问了一个问题：对藏式民居的规划设计，如何考虑藏文化的原真性？王旭增说，这并不难，我们完全尊重藏民的意见，外观式样，里面的格局，包括涂什么颜色。藏族民居自成风格，甚至都用不着做什么修改，我们只要它在美观之外，再加上坚不可摧，就OK了。尊重。当然是最OK的援建准则。我放心了，并为老乡们的自觉而高兴。

我发现，在指挥部的墙上，有一个非常别致的标语：缺氧不缺精神。我就想，我的老乡们或许会念嘛呢，可是嘛呢毕竟不在他们的血液里，真正支撑着他们忍耐下去的东西，当然就是他们所说的精神，即人与人之间的大爱。爱，不正是他们心里的嘛呢吗？

玉树是个好地方

何 顿

这次随中国作协组织的玉树采风团，与何立伟、彭见明，三人从长沙飞到西宁，次日便从西宁出发，乘车向玉树进发，让我感受很深。西宁距玉树八百多公里，途中要经果洛州，需在果洛州住一晚，再赶往玉树。在西宁时，省领导介绍说，玉树藏族自治州，位于青海省西南青藏高原腹地的三江源头，三江为长江、黄河和澜沧江，平均海拔在4200米以上，土地总面积26.7万平方公里。我想起湖南才21万多平方公里，人口却7千多万，玉树自治州比湖南还大，而总人口只28万多，几乎一个人便占一平方公里，就觉得真好。

从果洛州到玉树，汽车行驶了一天，沿途美景尽收眼底，让人不禁感叹中国之地大物博，崇山峻岭依次下来，层层叠叠，山如海浪般、一浪高过一浪，那么磅礴，仿佛溅到天了；天那么蓝，是内地从没见过的蓝；云那么白，如雪，无一点杂色，让我不禁赞叹。到达玉树是晚上九点钟，可是天还没黑透，太阳刚落下去不久，似乎还在山的那头停留，仿佛几大步蹿过去就能撞见。那种感觉，你似乎不是生活在人间，而是生活在天堂。翌日一早，睁开眼，见到的是一派繁忙景象，渣土车、水泥搅拌车等，不停地从你眼前驶过，那是在赶工程进度。当地人说，玉树的气候只有冷暖之别，无四季之分，全年冷季7至8个月，全年暖季4至5个月，没有绝对无霜期，气候寒冷而干湿不均，施工期就

五个月，另外七个月，天寒地冻、银装素裹的，不便于施工。

我们在玉树州驻地转了圈，用热火朝天来形容玉树州地震后的恢复重建，一点也不为过。下午，州委副书记热情地接待我们，向我们介绍玉树的人文地貌，说玉树素有“江河之源、名山之宗、牦牛之地、歌舞之乡”的美誉，当天晚上聚餐，州委请我们吃饭，歌声便在餐厅里此起彼伏，当地藏民十分好客，酒量也大，就觉得这里的人质朴、坦诚，热情得像开水一样，深深感染了我们，让我们也喜洋洋的。

次日，我们去嘉塘草原，玉树州是一个以牧为主，农牧兼营的地区。全境平均海拔在4000米以上。我们去的佳塘草原，海拔4200米，年平均气温为零摄氏度。空气含氧量只有海平面的40%至60%。沿途，蓝天白云、阳光明媚，我们手中的相机，忙个不停，只记得赞叹和拍摄，忘记了其他。草场上，处处可见牦牛，还有一座座寺院，红檐、黄墙，感觉就安逸、肃穆，仿佛有一种凡人感觉不到的神秘力量，笼罩着一座座寺院，使你感觉它更加挺拔、庄重，从而尊敬它。上天啊，这是什么人生活的地方？我忽然遐想，这些人是离天最近的人，我们这些凡夫俗子，是怎么也无法与他们沟通的，因为我们心里想的东西与他们所思，也许相差十万八千里。

同行的当地干部告诉我，玉树全州有四个天然林区，林地总面积为39万公顷，森林覆盖率为2.1%。虽然森林不多，但在山涧丛林原野之中，栖息着各种珍禽异兽，有野牦牛、野驴、藏羚羊、岩羊、黄羊、白唇鹿、马鹿，还有极凶的金钱豹、雪豹、猞猁、棕熊和珍禽黑颈鹤、马鸡、雪鸡等。我在佳塘草原上拍草原美景时，看见几只色彩艳丽的小鸟，便问当地干部这是什么鸟。当地干部说他也不清楚，但他不无骄傲地告诉我，几位住在西宁的生物学家经常来玉树考查，曾对他说，玉树的鸟类品种，为全省之首。这些鸟不怕人，我几乎是走近了它，相机都伸到距它半米远的地方，它才飞走。

我躺在草原上，看着如此美丽、辽阔的草原，享受着阳光爱抚，仿佛天空很近，又很远。我扯了一把草，放到鼻前嗅着，嗅到了草的芬芳，淡淡的，却十分好闻。在帐篷里，我听当地藏族干部说，玉树属藏族聚居的全民信教区，藏传佛教距今已有800多年历史，以藏传佛教为中心的寺院颇多。我们一行人在玉树考查了几天，除了去嘉塘、巴塘草原感受自然风光和当地藏民迎面扑来的热情外，还特意去了几座寺院，走进色彩鲜艳、明快的寺院，自然被一种神圣的东西裹着，让我们一行人静下心来，严肃着脸观看与佛教有关的事物，心就愉悦、干净。走出寺院，站在高处，眺望着草原、纯净的蓝天和洁白的云朵，我不禁感叹，玉树是个好地方。

玉树行

何立伟

西宁往玉树，800公里，其中一截路极烂，车行如蚁，又如醉汉，蹒跚摇荡，一日是万万到不了的，中途便歇住在果洛。果洛是全国平均海拔最高的一个州，又是平均温度最低的一个州，也还是氧气最稀薄的一个州。入夜，气温骤降，内地七月流火，这里穿厚厚牛仔裤，仍两股战栗。我同何顿便上街添买内长裤，黄昏里满天碧蓝深透，最下面的层云又有些绛红，美得让人屏住呼吸。但果洛街面冷清，店铺零落。有几家未打烊的，进去一问，没有。只好赶快闪身回招待所，直接钻进棉被里。不止是冷，又还真缺氧，一夜醒来五六轮，睡亦是似睡非睡。

但西宁往玉树，路途虽有阻，风光却是一路的美过去，不是小美，是大美，是天地壮阔之美。青藏高原迤逦的草场，茫无际涯，似要远胜于我去年到过的内蒙草原。七月里竟一片片盛放的油菜花，如皇室迎宾的地毯，亦如小号，仰面吹来金色的乐风。经玛多县吃午饭，知此县为百湖之县，四处皆有高原湖泊，明镜似的映着蓝天上哈达般白的云朵。果洛同玉树两个州，高原湖泊以千计，水资源极丰，黄河、长江及澜沧江皆发源于此，是中华文明的古老弥新的乳汁。在车窗里看到远处山头的积雪，看到山脚下的湖泊同野花，看到公路延伸射入蓝天白云，不时地就停下车来拍照留念。过巴颜喀拉山，路牌上显示海拔高度为4824米。众人下来照相，又速回车中添衣物，因风大且冷，照完相赶快回车岂敢久留。沿途所见路牌，无不弯曲变形，可见此地狂风之劲。

内地六七点钟天色便已晦暗，但青藏高原上到夜里九点左右才断黑。八点半的时候我给下车歇息的同行者拍照，背景是延伸的公路同远远的山影，天如蓝玉，一抹红橙色的余晖斜射过来，将人物半个脸同身子照得温暖剔透，好看极了。这是拍风景照片最好的光线，柔柔地涂抹在天地之间。

到玉树的感觉就是到了一个巨大的工地。玉树灾后重建，极艰难，亦极壮丽。中央政府指示，要在明年六月之前在地震废墟上重造一个崭新的玉树城来。重建资金达三百多亿，平摊到玉树三十万人口之上，人均重建费用达百万之巨。所有重建物质几乎皆从西宁长途运来，成本不菲。各地对口援建，人来人往，皆是南腔北调。玉树没有电网，援建单位便各自用柴油发电，夜里亦

响成一片。玉树的道路上塞满了车，往来拥堵，亦可见繁忙同热闹。从车窗里望出去，所见皆是搅拌机、大吊臂、水泥堆、预制板及各色建材跟飞扬的尘土。

一切皆在加紧施工中，又夜以继日。所见大多建到一半，也有建得差不多了的，比方我们就参观了玉树县第二民族中学，要算是大功初告。校舍俨然，颜色是藏红，T型教室、红色跑道同绿色球场，样样是新。这学校的硬件摆在内地亦是一流的。建好学校，让孩子们有最好的学习环境，当然是真正的造福玉树。玉树将来的前途，靠的是现在的孩子们。他们成才，玉树才有望。

玉树给我印象最深的是它的自然美景，尤其是去过的两个草原：佳塘草原跟巴塘草原。去佳塘草原的头一天，傍晚时分，忽然就见有两道彩虹跃起，虹的七彩为蓝天所衬，鲜明夺目。而第二天去佳塘时，恰逢了极难见到的活佛坐床仪式。11岁的转世灵童经过此仪式，坐床而正式升为活佛。这仪式极隆重，草原上各处拥来了无数的人同车，又扎起许多帐篷，摆满桌的吃食，喜气而热闹。玉树地区是康巴藏区，全民信教，遇到活佛坐床这等大事，自然蜂拥而至。我们一行人，有幸皆让活佛摸了顶，且哈达亦被开光。内行人说，这哈达带回家去，要悬在最高处。当然，一定的。吉祥是人心祈盼的美物。

而在巴塘，我看到了草原上最美丽的卓玛。这小姑娘今年17岁，全名叫作益希卓玛，吉祥美丽的名字。她是文工团的，穿着极艳的藏袍，甩着长袖为我们跳舞，有如仙女下凡。她有男朋友了，说起这事她脸色微红，笑得极幸福。

她是应当幸福的。在玉树，人人皆应像卓玛一样，生活得安宁、自足、和平同幸福。凡美丽的地方，皆应有美丽的人生，我想是这样的。

有一种气场叫信仰

徐　风

七月里，溽热的光景，江南已然被蒸煮得滚烫。在离开玉树的许多个安静的夜晚，我在江南一隅的书房里谛听它的呼吸。我走不出它的强大气场而夜不成寐。原本以为，记叙一次行走并非难事。然而，几番动笔，我却无法再次抵达那一座精神的高原，我只能以一种仰望的姿态向它致意。那些云霄里终年不化的雪山，天际线上盘旋的苍鹰，青天白云下招展的经幡，纯净、明亮的奶茶和歌声，马，羊，牛，草原；晶莹剔透的青稞酒，黧黑雄健的康巴汉子，再次汇聚成无声的激流，从我心头缓缓淌过。

玉树在青海。一场惨烈的地震让它闻名世界。从那以后，每天有许多人从世界的各个地方奔赴那里，在一个美丽遭到严重伤害的地方重建美丽。于是在去玉树的路上我被反复告知，很艰苦，没有舒适的宾馆，空气稀薄，开水只能烧到八十度，缺氧，会有高山反应。而我简易的行囊里始终夹带着一个私人的提问，各地都捐款了，钱应该不是问题。“灾后重建”已经变成一支神圣的号角，吹遍了玉树的角角落落。人气把玉树变成了一个浩大的工地，从废墟里站起来的人们在重建家园的时候，他们被重创的精神得到了疗救吗？

玉树予我的第一次震撼，是一座高耸入云的格萨尔王骑像。地震让玉树的建筑几乎无一幸免，惟有这座雕像岿然不动。说起这一点，玉树的朋友个个表情诡秘而又庄重。有关格萨尔王的传说与故事，可以是一部厚厚的书。我从这部织锦般的厚书里抽出一根绵柔的丝来，在高原刚烈的阳光下它诉说着一个伟大民族和她的英雄的缕缕往事。在扑面凌厉的风中我若有所悟，不由得用心去贴近这块雄奇的土地。

似乎玉树的一切都可以从格萨尔王出发。刚烈坚韧、桀骜不驯、勇敢尚武、生猛彪悍，这些元素构成了玉树藏人性格的基本色调。我想解读的是，支撑他们精神纬度的，是怎样的一种东西呢？

在经历了最初的高原反应之后，我厌食，无法入睡；浑浑噩噩，打不起精神。以我不够强健的躯体来感知高原的艰苦，也许是以卵击石。但我无比珍惜这些契入生命深处的感受。在漫漫的唐蕃古道上我不断见到满面风霜、衣衫褴褛、用身体丈量生命的朝圣者或曰信徒，我默默向他们行注目礼，我无法不动容，佛教把大千世界万世千载归结为“苦”，是为警喻世人，要对现世人生有恐惧和厌离之心，这样才可以有决心不贪恋生命物欲，立志脱度苦海。我不能肯定血肉之痛与精神之累，到底哪个更苦呢？

尼玛江才，玉树本土的第一个硕士研究生告诉我，如果没有来自信仰的支撑，人是很难在高原上生存下去的。

我终于知道，是一种叫信仰的东西贯穿于他们生活的全部。它像天地一样广袤辽阔，像江河一样永不干涸。由此，高寒缺氧、气候恶劣、物质匮乏皆不再被理解为苦难。因为，在他们眼里，大自然的一切，包括风霜雨雪、飞禽走兽，都是人类的朋友。人是不能征服自然的，人可以做的，就是认读自然，亲近自然，把自己融入自然，从而找到生存的契合点。朗朗乾坤，天地分明；鸟有鸟道，虫有虫道。人是最后才来到世界的。人来到这个世界的时候，鸟虫豸兽都有自己的路了，人的路会不会阻挡它们的路呢？哪怕对一条草虫，人也应该心生敬畏。万物有灵。这是玉树的朋友以虔诚的口气告诉我的一句话。后来我知道，这也是藏地本土的古老宗教——本教最核心的教义。在玉树，随处可见供奉于山巅、湖畔的牛头与羊头，堆垒于路旁或垭口的嘛呢石，插在屋顶或门楣之上的松柏与艾草，寺院前飘着青烟的煨桑，连天而起的印满祷文的五彩经幡，等等。这些带有强烈地域色彩和民族气质的、独属于藏传佛教的图腾与信仰，汇聚成一种巨大的气场。它滋养一个民族，让每一个感知、参透它的人心智清明、精神爽朗、体魄健壮。

如同一条奔流的大河，它的每一朵浪花都具有山川草泽的本性。在藏地先民有限的认知体系里，他们把大自然的一草一木按照自身的感受，拟人或者拟物，赋予灵魂、思想、感情和意志，于是在玉树我常常见到这样的情景，各种自然神灵，遍布在人们日常生活的各个方面。在一条哈达、一件藏袍、一首歌、一碗酒、一场祭祀里，你都能感受到诸如日月星辰、风雨雷电、大山巨川、古树怪石、飞禽走兽等等无所不在的神之灵性。

我是一个从寸土寸金的江南来的汉人，我只知道周围的人都在拼命挣钱。就是农民，他一锄头挖下去必须有一锄头的效益。否则，锄头一扔，坚决不干。方言里说，打来骂来，蚀本不来；没法干的事，就叫没交易。约定俗成的民间价值规范，从容地操纵着老百姓的日常生活。物质的丰腴和精神的干瘪，像我们周边不太干净的空气和水一样无处不在。所以我在玉树的嘉那嘛呢城见到用26亿块嘛呢石垒起的“圣山”，顿时生起无限的感慨。26亿块，只是一个约数。每一块嘛呢石上，都刻着六字真言。一个老百姓的一生，如果能在这无上的圣地捐一块嘛呢石，那他就圆满了最大的一件功德，相当于吾乡的大伯在锄地的时候挖到了一麻袋黄金。而黄金与嘛呢石放在一个玉树的藏人面前，他会毫不犹豫地选择后者。钱财是身外之物，嘛呢石却关乎人的今生来世。一个风尘仆仆的藏族老人从我面前走过，当他把一块刻满经文的嘛呢石轻轻安放到嘛呢堆上的时候，已然是泪流满面。陪同人员说，看见了吗，他在嘛呢石上刻了一百张嘴。意思是他的家人遭到了口舌的诽谤，让别人去说吧，那些口舌不过是风刮过而已。

给远方的亲人祈福，有平安经；亲人亡故了，有度亡经；送给老人的，是长寿经；献给那些误入迷途的朋友的，有解脱经。等等等等。

想来人的幸福是一件很主观的事情。来捐过嘛呢石的人们，当他们离开的时候，无不脚底生风，步履矫健。那些石头上想必刻满了他们对生活的感恩，对岁月的追忆，对真爱的铭心，对苦难的排遣、对罪孽的悔过。精神被提升了，身体就格外轻快，通向天堂的道路一片明亮。

而勒巴沟的水嘛呢，更是让人震撼心魄。那是一条水流清澈的十里长溪，两旁的山冈缀以异香扑鼻的花草，让人感到熟悉而陌生，恍惚如前世的一个驿站。但见那所有的石头上，都刻了满满的经文。溪水从山上流下，一路汹涌澎湃。有的怪石嵌在河道

中央，任水流冲击。声音响亮如万众诵经。漫山遍野的嘛呢石大如车斗、小若篮球。大多刻着字体洒脱的六字真言，而更多的，是密密麻麻的各式经文、颂词、咒语。2010年的地震把山顶的巨石滚到山下，藏民们认为这是天赐之石，分别刻上六字真言，祸石变成了吉祥之石。即便是陡峭的山崖绝壁上，藏民们依然可以借助冬天的寒冷，将速冻的牛粪垒砌梯子，艰难地爬上去刻字。一份功课，用一生去做，无怨无悔。勒巴沟应该是地球上的一大奇迹，连天蔽日的石头，都刻满了藏人的虔诚！人置身于这样一个偌大的气场，心里会忘记一切杂念，仿佛有一种与天地接脉的感觉。此生必将记住，有一条神圣的流淌着虔诚文字的溪流，曾经与我相遇；灵魂亦在此得到了短暂的洗涤，获得过片刻的宁静。一个未谙藏传佛教的汉人依然可以在这里流下真诚的泪水，因为我想到了，是无数双手，托举着无数颗赤诚之心，天老地荒，世世代代在这里留下永不磨灭的印迹。每一个文字，都留下了他们生命的温度，在清澈的流水中，成全了一部永恒的史诗。

这就够了。

团队里流传着这样一个笑话，一个藏族老人拉着一个北京作家的手说，北京好啊，就是太偏僻了。

北京偏僻，肯定是以玉树的不偏僻作为前提的，其间有一种精神的自豪且被无限放大。老人也许还会担心，北京那么偏僻，生活在那里的人们一定非常寂寞吧。他不能想象，如果没有雪山草原、没有青稞酒和六弦琴、没有转经筒和嘛呢石，人还怎么活下去？由此我终于释然了，玉树地震毁坏了人们的家园，夺走了人们的生命，但是丝毫没有损伤活下来的人们的精神。家园需要重建，但他们的精神却不存在重建的问题。在玉树的采访中，我听到了许多生命毁伤、家破人亡的故事。但人们在述说的时候表情淡定，那种平静中的达观让我感叹不已。在他们看来，宇宙中的有情生命皆处在一个生生死死、流转不息的轮回之中，如同一个上下转动的水车，生命就是水车里的斗子，在不断的转动中变换位置。在世积德的人，他们去天堂之前把肉身交给上苍了，干干净净、坦坦荡荡；今生作恶的人，来世则会堕入地狱。而亲人上路的时候，他们不能呼唤他的名字，他不回头，就可以顺利抵达天堂。

离开玉树的前夜我睡得非常香甜。所有的高原反应奇迹般地从我身上消失了。精神大爽的我和同行的作家们一起，收集着灾后重建的许多动人故事，在我密密麻麻的笔记本上，分明流淌着一种瀑布般的精神，我收拾起它们，感觉到了精神的重量。

精神的重量，我们还称得起吗？当物欲的沧海快要没过我们的头顶的时候，我们还剩下几多精神的稻草？当物质文明的方舟并不能把我们送往精神的高地，那我们用什么来扯起一杆精神的大旗？如果说，精神上的缺钙比高原上的缺氧更可怕，那我们又用什么来拯救？

在与玉树惜别的转身里有我深深的眷恋。在无数次回望玉树的时候，我的目光一直在搜寻着一种路径与方向，我知道有许许多多的人跟我一样在搜寻的路上，也许我们终无所得，但一定不会由此而放弃。

2011年8月27日

江南宜兴，知竹草堂

玉树宝贝

山 哈

七月的青藏高原，天际湛蓝，天上放牧着一群群白羊。

走在西宁的街头，看到最多的是柳树。这些在江南“无心插柳柳成荫”的寻常树种，居然在这里荣膺为市树，始觉不可思议，但转念一想，娇贵的树种，比如黄花梨啊，红豆杉啊，紫檀黄檀啊，又怎能扎根西北呢？在西北，在青藏高原，只有命硬的，不挑生存环境的树种，比如这柳，才能适应贫瘠、严酷的环境。西宁的柳树经历了风沙、严寒的磨砺，都长着硬朗的身板，单从外形上看，已和江南的弱柳不可同日而语了。

在江南，柳树那一点绿，只是惯常的一抹颜色，而置身青藏高原，原本生命的四季，在这里，只有夏季是浓烈的。每年，一过短秋，便是漫长的寒冷冬季，甚至连春天，也被冬季含含糊糊一笔带过，直接就跨进了夏天。

这是青藏高原最好的季节。我想。

我从江南来，从挥汗如雨，热辣似火的七月江南来。我来，却无暇欣赏西北的高天或者流云或者绿柳。一路的心情，打从机场走出，已是分分秒秒落在八百公里外的那一棵“树”上。假如“玉树”真的是一棵树。

西宁，邂逅“玉树宝贝”

打开微信，这已经是潜意识了。无论身置何方，只要打开手机，以为自己就此不孤独，应该踏实，应该安定。但踯躅在陌生的街头，心却是茫然的，空落的，甚至想不起，该和微信上的朋友们说些什么。打声招呼，说我到了青海？或者说我看到了西宁高大的柳树？真不知道该说什么，举目望去，车水马龙，繁华似梦，竟和内地别无两样，就连匆匆的行人，急驰的车流都是一样的表情。

只想找本地人聊聊天。点开“附近的人”，微信按照距离的远近，把四周的男女，瞬间排成一列长队让我过目。“经济适用男”，“24K”，“赵本山”，“冰冰”，“高原雄鹰”，“奥巴马”……手指轻轻划过每一张亮闪闪的脸，这些隐藏在各色面具下的男女，就在我方圆两公里以内，而我——在微信上，我是“一棵树”，也同样落在他，或者她的指间。我们在虚拟的世界里，相安无事，如行人一样，彼此擦肩而过。

但此刻，我的手指轻轻落在一张无邪的脸上，她被我点击，放大。

这是一张五六岁大、藏族孩子的脸，准确地说，这是一张着盛装的藏族小女孩的脸。女孩对着我无邪地笑着，竟令我毫无招架之力。小女孩有一头乌黑发亮的头发，被妈妈（为什么是妈妈呢？我想一定是妈妈才会这么细心、手巧）精心编织成无数的小辫子，瀑布一样散了一肩，好看；女孩的满头缀着珠宝，绿的是绿松石，黄的是黄玛瑙，红的是红珊瑚。一只大手牵着女孩，那是精致、修长、白皙女性的手，直觉告诉我那是妈妈的手。女孩回过头，浅浅的高原红，亮晶晶的大眼，嘟噜噜的小嘴

唇。差点忘了说，她还穿着一身高贵的衣服：那是一套华丽拖地的皮袍，衣领高耸，细针密线，身上同样缀满了珠宝，我敢说，女孩这一身行头，至少值普通牧民全家一小半的财产了。这一切，让我这个外乡人眼睛和心头一热。

挨着头像，闪着四个字：玉树宝贝。

心尖儿此刻一颤，那棵“树”，那棵八百里外的“玉树”竟然就在眼前。

我说，你好！她很快回了话，也说，你好！

就这样，我有了青海第一个朋友，忽然就感到自己是不孤独的。

我想，五六岁的孩子是不会用微信的，应该是那双白皙修长的手指在和我手谈。

你为什么叫“一棵树”呢？沉默片刻，她找到了话题。陌生男女的交往往往从问号开始。

我没告诉她我本名中有独树成林的喻意，打着哈哈说：当世界最后只剩下一棵树的时候，这棵树就珍贵了，反问是不是呢？所以，我叫一棵树。而此刻，我微信的头像，正是沙漠里的一棵树，金色的沙漠，绿色的大树。

我说我是外乡人，她说知道，你的身份栏里写着杭州呢。她说她是藏族，玉树人，现在西宁工作，头像的照片嘛，的确是女儿，2010年照的，现在八岁了。

她好奇我为什么找她聊天，我说因为玉树，我是西宁的过客，过了今夜，明天将和一些作家一起去玉树。她说，哦！接着又问：去玉树干什么？我说，我想看看地震后那些可怜的孩子，那些失去了父母，失去了亲人的可怜孩子。

接下来，是很长时间的沉默，我以为她下线了，这是常有的事，在微信上，不喜欢和陌生人聊天，或者不想继续交往，甚至连理由都不用说，直接闪就行了，就此擦肩而过，客套也无需。

临睡的时候，她的头像闪了一下：一路平安，扎西德勒！

果洛的花儿

车在青藏高原蠕动。

一路是连绵的群山，黄的是土，绿的是草；看不到树，一座座山像弓着身子、被人拔光了毛的绵羊，又似巨大的风琴键盘，一键连着一键。

西出西宁，六辆SUV组成的车队扬起风尘，一溜烟掉进了茫茫高原。

即使坐在车里，行走在空旷、寂寥、无人的高天厚土，也很容易感受到自己的渺小，渺小是一种内心的感受，此刻，我就感觉到自己和车都只是一粒流沙，一粒随时被大风刮走，被雨水冲走，被小鸟叼走的沙子。

其实，在自然面前，人本来就是一粒沙子。自然暴虐的时候，我们往往无助的如婴儿一般。时隔两年，“4·14”玉树大地震的画面还在眼前晃动，晃动的不全是那些地震的镜头，晃动的还有心灵。那一天，玉树的房倒了，桥断了，寺毁了，山裂了，人去了……有一组画面，回想起来至今让我心惊肉跳，那是灾后的玉树。郊外，有一群喇嘛正在为遇难者举行火葬仪式。画面上，天空阴沉，乌云密布，红衣喇嘛一手捻着佛珠，一手当空撒着什么，他的脚下，是一眼望不到边的壕沟，壕沟里，早已架着柴火，柴火上，倒卧着一具具裸体的身子，男人的，女人的，老人的，孩子的……黑的，白的，看不到这些肉身的脸，他们趴着，层层叠叠，叠叠层层，裸露，无助。

另一张画面上，是一名高僧闭紧了双眼，大张着嘴，转起经筒。我知道他在超度。而照片的最后一张，是几缕青烟升腾，四周的恸痛，那些光滑、鲜亮的躯体，随风而去。

那组照片，只在网络空间待留了几日，便如烟散去，却让我至今悲怀。

生命是什么？我们向何而生，向何而死？那些关乎生命的认真思索从此挥之不去。而现在，同样挥之不去的是窗外的艳阳，还有七月连绵的油菜花。

我惊讶西北的油菜花，竟开得如此热烈，一山一谷，一坡一地，浓烈地绽放着。这让我想起梵高那幅《乌鸦群飞的麦田》的油画，那画面浓烈似醉，大胆如梦，只是此处，麦子被换成了菜花，乌鸦了无飞痕。

昨晚下了场雨，吸足了水分的绿草和杂花争相摇曳在荒原的四处；风啊，那些高原的大风，扯起嘛呢堆上的经幡，噗噗直响，每一次舞动，在我听来，都是一阵阵的叹息。

都说这是青藏高原最美好的季节。年有四季，青藏却只有两季：漫长的冬季和短暂的夏季。我无法体会漫长冬季的煎熬，犹如我无法体会那些瞬间失爱的痛楚，但现在，我感触着生命的美好，在这个生长和盛放的季节里。

我们穿行在青藏高原的腹地，一路西行，这是一条通往玉树的路。

这条路串起果洛、玛多、玉树，路是旧路，曲折，窄小，但一路不时有黄河做伴。这路上的风景，有了河，旅程再漫长也就不孤单了，只是这条叫黄河的河，全然没有宽阔、壮美的气势，在青海的腹地，黄河有些湍急、浑浊，甚至有些险恶。英雄不问出处，多大的江河，源头也只是涓涓的细流。

玉树宝贝，你在吗？车走了一天，我已夜宿果洛。

昨晚深夜到的果洛，早晨起来，我沿着街走了一个来回，其实，我本意是想晨跑的，你知道，我有晨跑的习惯，但我感觉到了高原反应。高反它现在就藏在我的咽喉里，藏在我的心口里，藏在我笨重的四肢里，我试着跑了几步，却怎么也赶不走那头叫作“高反”的小兽。我只能走，慢慢踯躅在人影稀疏的果洛街头。

果洛的路，真的平坦，宽畅啊，和我南方的街道一模一样；街的四周，正长着许多高楼，我猜不出为什么要在荒芜的地方建那些高大的建筑，但我知道，果洛是上海对口援建的，那些高大的建筑，多少带着上海滩的印记，不知道这么描述对不对？

我发现街的两边，有花坛，对了，花坛里开满了鲜花，红的，粉的，白的，金色的，只是，只是，我忽然意识到它们都是塑料的花，你知道吗？当我第一眼看到花坛里长满塑料花的那一刻，我感觉自己石化了，瞬间，真的。我从来没有见过如此多的塑料花，它们被一排排种在街道两旁，种在水泥砌成的花坛里，而那些半米多高的花坛，被画出木头的肌理，足以乱真。

我瞬间石化在这世间独一无二的花坛前，我用手指轻轻触摸这些没有生命的花卉，这时候，真想自己拥有一只金手指，或者观音的纤纤玉指，只要被我触碰，这些花便有了花香，便有了花蕾，便有了随风而来的蜜蜂，从此有了生命的呼吸。但我不是神仙，我也无法给一朵花一棵草生命的机会，这就是果洛，这就是高原。

更让我吃惊的还是后面所见。

天更亮了，广场上有人在起舞。人们围着一台便携式录音机，喇叭里传出有节奏的锅庄舞曲，时不时有人加入锅庄舞的圆圈。在我看来，跳舞的男人女人陶醉在音乐和韵律中。他们没有穿藏服，但在我眼里，尽管少了男人衣袖飞舞的豪放，少了女子裙裾摆动的多情，依然不失热烈、欢快与豪情。

其实，我不是想和你说我看到锅庄舞的感受，我想和你说的是，我又看到了世上最奇怪的树。

有四棵树长在果洛的广场上，刚开始，我并没有注意它们。远远望去，树上盛开着绿色的、白色的、红色的和蓝色的花儿，你一定会问，花儿怎么会有蓝色的呢？是啊，满树满枝的蓝色花儿，竟一如我所见的江南花开，一月梅，二月樱，三月桃花四月梨，花团锦簇，胜似流云。一开始，我一点也不怀疑那些开着蓝色花儿的树，还直赞叹青藏高原的树原来也是这般的诗意。

走近了，当我抚摸到树干的时候，你知道吗，玉树宝贝，尽管有了先前塑料花的震撼，此刻，心还是被狠狠地撞了一下。广场上那四棵大树，也全是假的呀！树干是水泥的，被抹成真实的模样，老树根盘错节，深深扎在泥土里，如果不是近看，哪里看得出这是四棵水泥栽种的树呢？白的是樱花，红的是桃花，而蓝的和绿的，是一树的枝叶。这或许是世界上最稀有的树种了，这些没有生命的花、树，开在这个本该绽放生命的季节里，令人感叹万分。

这才想起，在果洛，我竟然没有看到一棵树。

而我，“一棵树”，如果是真的一棵树，我真想献给果洛，扎根在果洛。

从果洛往北，开一天的车程，有一座叫阿尼玛卿的雪山，在这座和冈仁波钦、梅里雪山、尕朵觉沃并称“四大神山”的雪山面前。我，还有同行的中国作家老师们，我们长跪在阿尼玛卿面前，嗑着响头，感谢阿尼玛卿给远道的我们展露了非常难得的真容，也感谢阿尼玛卿保佑着我们一路平安抵达。

玉树宝贝，在祈祷的时候，我还藏下一个秘密，我许了一个愿，当然，这个愿我不能说出来，不能和你，甚至任何人说出来，世上的人都说，心里许的愿，是不能说出来的，说出来就不灵验了。但有的话是可以说的，我想说，阿尼玛卿，请你慈悲为情，求你给果洛长一棵真正的大树吧。

还有，给果洛一些真正的花儿。

梦中的额吉

去玉树的路上，我被一首歌一遍遍地感动，这首歌，叫《梦中的额吉》，他和其他歌一起，收藏在我手机的SD卡里。歌者是一个叫乌达木的八岁蒙古族男孩，他用稚嫩的童音，用蒙古语低吟浅唱，我听不懂歌词，但那一遍遍的低吟、倾诉，把思念和渴望额吉（蒙古语：母亲）的心声唱出来，让人心碎。

乌达木是一个孤儿，他妈妈、爸爸先后离他而去。我想，人世间，还有比孤儿更不幸的人吗？从网上，我找到了《梦中的额吉》汉译歌词：

青青的草原上，星星在闪亮
梦中妈妈的脸，在为我挂牵。
为我向苍天祈福祝愿，

她在遥望着远方的天边。
亲爱的妈妈啊，
额吉啊！
她在遥望着远方的天边。
……

当我在玉树第二民族学校见到扎西文次、索南永藏、多吉措毛、义西求措的时候，脑子里还回旋着乌达木声声呼唤额吉的歌声。

玉树宝贝，你知道吗？在约见四个地震孤儿前，我做了很久的采访准备，但真正面对，我依然无法像合格的记者那样，向这些孩子打听地震发生时刻的记忆，更无法提问，当他们面对亲人遗体时的感受。因为，因为我怕揭开他们心里的伤疤，揭开长满紫痂的伤口。两年过去了，我不知道他们有没有痊愈心灵的伤痛。但我，又怎么忍心去打听呢？

和孩子们的访谈约在7月23号，那是一个阳光明媚的下午，启用不久的学校，四处散发着钢筋水泥木头油漆的新鲜味道。这是七月，柳树花开的季节，轻盈的柳花四处飘零，如梦如絮，挥之不去。

扎西文次是个胖胖的藏族小男孩儿，玉树大地震的时候，他才13岁。而两年前的那场地震，顷刻间，夺去了他八位亲人：爸爸、妈妈、爷爷、奶奶、舅舅、姐姐、妹妹，还有姐姐肚子里怀着的孩子。

现在，扎西文次就坐在我面前，有点局促，而我，同样不知道该如何提问，问了些不痛不痒的学习生活问题后，我轻声说，能不能和叔叔说说过去的事。

我的声音小到只有自己方能听到，好在空洞的校室，哪怕一点声音，也能放大到足以让人心惊。

扎西文次慢慢地，静静地说着他的故事，好像说别人的故事。

那天，天塌了，地陷了，全城都是哭声，全城都是倾倒的柱梁，全城都是奔跑的脚步，全城都是雨水、血水、泪水。

扎西文次站在熟悉的家门前，但面对的一切却是陌生的，残垣断壁，家什裸露，他大声喊着“爸啦！阿妈啦！爸啦！阿妈啦！……”回应他的，只是四周的哭天抢地。从乡下赶回城里的姐夫从后面一把抱住了他，紧紧地紧紧地抱住他。全家十口，现在只剩下他和姐夫了。姐夫放开他后，疯了似的冲进倒塌的房屋，他扒起木头、断砖、碎瓦、破家具，还有被砸碎的一切一切，他不相信一家人都会都埋在下面，他宁愿相信地震的那一刻，他们都去寺庙转经了，都去乡下走亲了，都去远方转山转水了。姐夫挖出了一双脚，那是妈妈的，他哭着把妈妈背到雨淋不到的地方，接着，又挖出一只手，那是爸爸的，他也把爸爸瘦弱的身子扛到妈妈身边。再挖，倒卧的是舅舅强壮的身子，一根巨大的水泥板压住了他的身子，动弹不得……终于挖到姐姐了，姐姐软软地摊在厨房的一角，如果不是嘴角流出的血水，姐姐真的像睡着了一样。姐夫紧紧地抱起姐姐，就这样抱着，抱着，哭着哭着哭着。扎西文次也哭，来来去去地哭，他一会摸摸阿妈的脸，一会拉拉阿爸的手，他不知道发生了什么，死亡，竟然如雨水，落在了上学时还鲜活的亲人脸上。

最后挖出的是妹妹，五岁大的扎西文毛最喜欢变形金刚了，至死，她的手里还握着哥哥扎西文次送给她的变形金刚。扎西文毛也睡着了一样，紧闭着长长的睫毛，做着永远不醒的梦。

……

爸爸妈妈去了天堂。扎西文次说这是姐夫说的。

在藏族人的精神深处，现世，只是来世的过程。两年过去了，或许爸爸、妈妈、爷爷、奶奶、舅舅、姐姐、妹妹，还有姐姐肚子里怀着的孩子，他们早已降临人间，生活在更富有、更体面的人家里了，只是，只是扎西文次不知道怎么才能找到他们。

轮回，转世，超度。藏地文化，在一定程度上消弭了人心对死亡的恐惧，还有伤痛。

地震发生时的事，扎西文次回忆得井井有条，当说到他十指都扒出血来的时候，他举着双手，我仿佛看到了血迹斑斑的十指。

扎西文次还说，地震发生后，上海的一个叔叔，后来，北京的一个老板都和他结对帮扶，给他买书包，买文具，买玩具。前年他生病了，一个叫孟凡龙（音）的志愿者，在医院里陪了他整整一个月，喂他三餐，给他擦身洗脸。

扎西文次说这些的时候，不时有柳絮轻轻飘过我们眼前，它们在阳光里飞舞、升腾，四散而去。

索南永藏是个漂亮的藏族女孩儿，高原红，大眼睛，黑皮肤。她拉了把椅子骑着坐在我跟前，因为靠得近，一双大眼扑闪扑闪，仿佛能照见她的心思。她话不多，问一句，答一句，不时抚摸着钢木的椅背，显得局促不安。

地震那年，索南永藏也是13岁。她们一家原本是住在离城很远的当卡村的，后来搬到玉树生活，全家靠爸爸踩三轮车、姐夫收贩冬虫夏草、姐姐当售货员为生，尽管钱不多，但生活过得宁静安详，如果不是那场地震，索南永藏也和别的女孩一样，还在阿爸阿妈跟前撒娇。

父母去世后，索南永藏住进了姐姐家，每天放学后，帮姐姐照看六岁和一岁大的外甥外甥女。

玉树地震后，祖国四面八方伸出了援助之手，一些地震孤儿最先被各级组织分送到北京、上海、西宁等大中城市的医院就诊，分送到最好的学校读书，有几十个孩子还应俄罗斯邀请，分送到俄罗斯的学校接受心灵辅导。

“喇嘛说，阿爸阿妈是去了天堂，天堂应该很幸福吧。我现在的愿望就是长大后当一名医生，当医生就能给更多更多的人治病。”说起梦想，索南永藏满眼期待。

每一个失去家园和亲人的孩子，哪怕岁月流逝，也永远无法抚平他们内心的沧桑；但日子在前行，他们在长大，生命的目光必将放眼远方。扎西文次有一个同学叫罗周多杰，他在校报上刊了一首叫《树》的小诗，这首诗道出了孤儿的心境：是谁把一颗种子/带到这悬崖上/风磨平了那坚硬的皮/露出了嫩嫩的芽/在那里/他孤独地站着/望着脚下的兄弟/聆听泉水流过的声音/一场风雨过后/他洗净身上的灰尘/着上崭新的衣裳/重新挺立……

玉树宝贝啊，在第二民族学校，我一共采访了四个孤儿，他们身世凄凉，现实安好，他们相同的命运却蒂结了一个共同的梦想，你知道吗？他们的梦想居然是一样的，那就是长大了成为一名医生。是不是因为他们过早亲历死亡，过早经历生命的易碎，才对生命更加珍惜，更加尊重？或者他们见到太多的好人，那些好人在危难关头，竭尽全力挽救生命，那些高尚的情操感染着他们，所以，他们才更想成为一个有能力拯救别人生命的人。

医者仁心，我从孩子们眼里，见证了爱是可以感染、传递的。地震后，玉树孤儿们收到了来自四面八方的特殊关爱，那份爱，已经如种子，深深植入他们的心灵，我想，总有一天，爱的种子，会发芽、成长，生成一片大爱的森林。

我还采访了另两个叫多吉措毛、义西求措的女孩儿，说实话，我的心已经疲惫不堪，再不忍心一一复述她们悲惨的往事。

那就和你说说我在“八一孤儿学校”见到的快乐吧。

玉树宝贝，你一定和我一样，不会忘记两年前的4月18日，新闻联播里放着胡锦涛总书记在玉树孤儿学校板房教室里，用粉笔写下“新校园，会有的！新家园，会有的！”12个大字，那天，总书记领着孩子们大声朗读。说实话，看着新闻，我的眼睛不争气地湿了，这是一个老人对孩子的庄重承诺啊。

走进八一孤儿学校的时候，正值夕阳西下，孩子们在铺着塑胶的操场上撒着欢儿，背景是崭新的教学楼、住宿楼、食堂、体育馆。现在是七月，整个玉树尘土飞扬，连玉树州委书记都还在地震棚屋里上班，全城最好的宾馆，依旧是两年前建的临时板房，而我所到的学校，第二民族学校和眼下的八一孤儿学校，都崭新完备。

一群孩子正在玩儿“老鹰抓小鸡”的游戏，这种游戏，在内地的城市里，已经鲜有孩子玩儿了。只见狡猾的“老鹰”正绕着“老母鸡”来回扑腾，而“老母鸡”则左挡右闪，身后牵扯着十几个七八岁大的孩子，已经笑成一团……我绕过他们，叫住一个老师模样的女孩儿，那个女孩儿有着浅浅的酒窝，她叫达娃措毛，她对我直摆手，说别叫我老师，我还是学生呢，西宁民大二年级学生呢，我是暑假到孤儿学校实习，也算当一回志愿者吧。达娃措毛正说着，一群孩子一拥而上，拉手的，抱腰的，抱腿的，将她紧紧围在中间，孩子们嘴里还不依不饶：老师！老师！老师！

夕阳镀了他们一身的金色。

那是我见过最温馨的场景。比孤儿们大不了多少的达娃措毛，已经成为孩子们的依靠。

那首歌，猛地，又从心头里涌了出来：

……金色阳光，梦中的故乡，
母亲在轻轻地唱，歌声多悠扬。
草原有我不变的信仰，母亲的恩情永生难忘。
亲爱的妈妈。
额吉啊！
母亲的恩情永生难忘。

尾　声

玉树宝贝，夜深了，你还在吗？明天我就要离开玉树了，现在上线和你道个别。感谢你这一路听我唠唠叨叨，如果打扰了你，真的不好意思；但我实在是太想太想把玉树的感动说出来啊。你也说过，你愿意听，喜欢听，还笑话我：作家都是话痨子吗？我想说，是的！人啊，有些话，藏在心里久了，就呕成了心事；有些话，说了出来，便成了文章。

躺在床上，我将一段话发了过去，玉树宝贝的头像竟亮了起来。

一棵树，我在！其实我一直都隐身在线。这些天来，我一直流着泪默默听你述说，跟着你的脚步走。我离开玉树已经两年多了，和你不一样的是，我再也不想看到玉树，再也不愿意回到玉树，但你知道吗，我的心，却永远留在了玉树。现在，我说这些话的时候，我想你大概明白我的意思了。

这一路上，你总爱打听我家庭的情况，一棵树，我真的真的无法告诉你，甚至自己也无法面对，我的孩子，我的宝贝，就是你看到照片上的那个女孩儿，还有她的爸爸，她的爷爷奶奶，永远永远离开了我的事实。

我不知道这几年自己是怎么过来的，他们都走了，却留下我一人在世间独行，那种感觉，好难好难啊。

也感谢你啊，通过你的眼睛，让我重回了玉树，也惊醒了我沉睡多年的身心，特别是我读到那个藏族小男孩儿的诗句，给了我心灵深深的一击："……一场风雨过后/他洗净身上的灰尘/着上崭新的衣裳/重新挺立。"我想我不能比孩子们更脆弱，我应该振作起来才对。

这些天，我想明白了，我要走出阴影，我想，孩子和她爸都不愿意再看到我天天以泪洗面，所以，现在我把心事全都说出来，明天，明天做一个全新的我。

一棵树啊，你荒原中的那份绿色，让我感悟了一切。非常非常谢谢你！

……

青海，青海

杜爱民

青海，是我所见到的与我的居住地以外的地方瞬间联系在一起的一系列记忆和场景。它在我生活经历中不断涌现。起初涉及我对于在远方的亲人生活方位的确认（小时候，母亲常提起在青海当兵的小舅）。青海作为一个地方，早已经印入了我童年的生命记忆。我不止一次遇到过与青海相遇的瞬间，包括在地理课本上，在亲人寄来的照片当中。青海在每个瞬间里都纳入了不同的组合。我成年之后对它的多次进入，又在随后对于它的感知之上涌入了不断被改变和重新被分配的画面，以致从现在来看，过去感觉到很近的东西在今天则变得十分遥远了。

从我与青海这样一个地域名称相遇开始，它的陌生感就一直对我形成强大的吸引和诱惑。并不是因为高原、草场上的羊群和横贯在它上空的长云，而是这一切所见之中的无有。拿物质生活的优裕度来衡量对于青海的认知与判断，是完全无效的。在这个世界上海拔最高的地方，物质财富并不能代表它的全部。在德令哈和循化，街头的景象，在我看来并不逊色于纽约和东京，并非只有现代化的高楼和高科技带来的繁荣，才会产生十足的安宁。青海相对于那些惯常的“洋”标准是一个例外。所有自以为是的想法，所谓的“强者”的傲慢与偏见，富人的优越感与居高临下的姿态，在青藏高原面前，统统都不复存在。青海的力量，来得远比这一切都要猛烈，它是越过生死极限之上的和缓、辽远与静寂，是绝望中的希望所透射出的生活景象。

进入青海的路径，存在于每一颗诚实质朴的心灵当中。在海拔四千多米以上的纳塘草原上，年轻的牧人相聚的方式便是围坐在一起，周围没有迷醉的灯光，没有按照资产阶级标准营构的环境和设施，只有天空、草原和大风不断地吹过。在外人的眼中，或许在那样的生存环境中，分分秒秒，都是一种对于生命的考验，但对于纳塘草原人，则意味着生存的自然。

青海不断地经受着来自它以外的“现代文明”对于它的重新定义，像西宁这样的城市也在现代化的进程中发生着改变；包括去年的玉树大地震，几乎让结古镇完全变成了废墟，许多人失去了家园和亲友。但所有这些，无法改变由这块高原之上生长出来的东西。在青藏高原的公路上，在结古镇的嘉纳嘛呢石堆旁，依然有人把生命交还给了行走，依然不可阻挡，通过不断的行走，而一步步确立的信仰。

人们喜欢与用另一种标准来衡量青海，喜欢用另一种眼光看待它。青海在他们看来是一个贫穷落后的地区。从物质层面怎样强调其对于青海的重要性都不为过，但是，由那样的眼光和标准框定出的青海，还是不是真正意义上的青海，到目前仍然是个疑问。而现在，青海尽管仍然有一些地方贫穷落后，但它的存在，它独特的力量，显然是溢出于那些现代性神话的解释体系之外的。非此即彼的功利判断，无法辨认藏匿在青海广阔地域和众多人群当中，维系他们生命与存在的价值和意义。青海在这样的时刻，比想要估量它的那些个东西，强大百倍。玉树、称多、格尔木这些地方的名字，像金子一样在高原上闪亮；撒拉人干净整洁的庭院里，聚拢的生活的心劲儿，一点都没有因为其以外的东西而着急和显得慌张。

在玉树藏区，活着的人是不愿提及惘生之人的，无论在地震前或地震以后。藏区有无数个叫扎西的人还活着，也有无数个扎西已成为了故人。藏族人视死如归。我在去年玉树震后机场等待救护的伤者脸上，没有看到惊慌，甚至连儿童都能够镇定自若。藏族人把生命离去后的身体，交给了苍鹰和河流，他们不愿在自己生活过的高原上，留下一点身体存在的标志和痕迹。死亡是另一个新的生命轮回的开始。生命在他们心目中永远不死。去年，在参与玉树抗震航空救援服务的过程当中，我认识了为我们开车的志愿者藏族人索来扎西，他是结古镇人，东北财大毕业后就回到了玉树，地震中失去了自己的多位亲人，震发后他顾不上家里的情况，跑了三十多公里的路赶到玉树机场的航管楼报信，在途经禅古寺时，听到了路旁废墟中的呻吟声，从中救出了埋在其中的三个人。后来就留在机场航站楼，当起了志愿者，直到震后的半个月，也没有离开。扎西只是三十岁刚过的小伙子，新婚不久，妻子是一位湖北的姑娘，在玉树机场空管部门工作，两个人在我离开玉树的时候，还在为救灾的事奔忙着。今年7月份，我们一行到了玉树，他去见住在我隔壁房间的熊召政，我同他又得

以在玉树相见。扎西头戴一顶藏族人喜欢戴的毡帽，比一年前黑了，更加壮实，在灯下脸上泛着高原人特有的光泽，只是还像以前一样话语不多。

玉树的灾后重建，进展得也非常快。牧区和结古镇周围的地方，人们多数已住进了新建的房子，基本恢复了正常的生活。从巴塘机场通往结古镇的公路已铺建一新，地震毁坏的路段，也已经看不到了。由中铁公司建设的玉树民族中学，位于镇西口的道路旁边，并且将要投入使用，让我们对灾后重建有了信心。位于玉树结古镇约二十公里的代格村的整体重建工程，也已基本完工。新的藏式太阳能一体化的建筑和采暖系统，会使镇上的居民生活更为方便。结古镇的重建，还需更多的时日，在这一过程中，玉树人已经考虑到了精神文化和传统生活方式重建的重要性，尽量不使原有的人际关系和生活习惯遭致破坏。

我把自己对于青海的每一次进入都当作是个人的修行。青海究竟意味着什么，便成了每一次行程中的追问。我需要重新认识它，再次见到它，不断对它有所发现。我在青海先后去过的地方有：西宁、湟中、湟源、循化、青海湖、玉树、称多、德令哈……

第一次去青海是在1983年，最近一次是今年夏天。我在今年坐车经过了我第一次来青海住过的地方——西宁大厦。周围的街道和房子，已经没有当年的痕迹了。

也许是偶然的原因，我从小便拿我的出生地与青海这样一个陌生的地方比对，将感知、情感和行为，置于它奇特诱人的魅力之上，如何抵达其间，才是真正属于我的问题。而我每一次，似乎都处在朝向它的路途中央。即使在物理空间上，一块地与另一块的存在，都不是彼此孤立的。它们有着无数可能的连接方式。

我有幸汇入到了与青海的连接沟通当中。在我看来，那是一块隐秘之地、圣洁之地，能够容纳我的心灵之地。青海还像一面镜子，时常在我身外形成对我的映射。我看到了自己的软弱、卑琐与畏首畏尾。这些光的映射，也总是来自于我的思想与经历之外，它们在远处晃动游牧，召唤着我对界限与极限之外的想象。

更重的是，由青海带给我的感受与所思，就像个人的信仰一样，是不可言说的；是修行过程中的各种独特的感受，就像白天起床，黑夜睡眠一样那么日常。它们比钢轨笔直，比迷宫还要曲折。

玉树多吉

张绍锋

出发，目的地玉树

七月，盛夏季节，据说这是前往青藏高原最好的时间，我们的目的地是玉树。知道这个地方是因为一部叫《可可西里》的电影，和一个叫索南达杰的英雄，而让我铭记这个地方的却是2010年春天的那场突如其来的灾难。曾经有很长一段时间，电视台上播放的一个画面始终在我脑海中萦绕不去，那是在一片遭到地震蹂躏的废墟前，人们挖了一条并不太深的沟壑，地震中失去生命的同胞遗体像积木一样码放在里面，有人在上面撒上了石灰，堆上劈好的松木，旁边站满了面容悲伤、满身尘土的人群，穿着红色袍子袈裟的喇嘛在一旁诵经、祈祷，过了一会儿，火焰升腾起来，悲声一片，黑色的烟雾随风而去，远方的天空有一群鹰在翱翔……

大自然是如此伟大而慷慨，它赐予玉树壮美山河、丰饶物产；大自然又是如此冷酷而无情，它让灾难从大地深处咆哮而来，带给生活在这片土地上的人类以毁灭性的打击和无法愈合的伤痛。行前的我，脑海中不停闪烁着那个画面，犹如胸中压着一块巨石，想着玉树同胞遭受过的灾难、经历过的伤痛，虽未亲身经历，我的心却在滴血……时间流逝，人们肉体的伤痕也许早已愈合，可心中的伤痕是否已经痊愈了呢？如今的玉树到底是个什么样子？我很想了解玉树的人们现在的生活是个什么样子，也很想亲眼见证经过地震摧残的玉树是如何重新站立起来的。不过，相对于道路、住房、学校、医院等物质的重建，我更想深入玉树人的内心世界，了解和帮助他们精神的重建。尽管我知道自己的能力是多么渺小和有限，但我想尽自己所能去做一些事情，去帮助一下玉树的人们，哪怕，哪怕能让一个玉树同胞感受到这份关心，哪怕能让一个玉树同胞露出一个轻松的微笑，我就不枉此行！

出发前，我站在中华人民共和国地图前寻找玉树，偌大的地图上，青海好像一只蜷身腾跃的兔子，青海湖是它的眼睛，而玉树就在这只将要腾跃的兔子后腿方位，它位于青、藏、川三省、区交汇之处，境内有唐古拉山与巴颜喀拉山，在雪山高原之中，孕育着长江、黄河、澜沧江这三条中华民族的母亲河，因此也被称为“三江之源、中华水塔”。搜索百度，又得知玉树历史上是出入西藏的交通要道，著名的唐蕃古道穿行其中，州府所在地结古镇就是“族众兴旺”与“物资集散地”之意。当年文成公主率领庞大的和亲队伍沿唐蕃古道进藏，途径玉树，曾留下许多美丽的传说和文物古迹。玉树还是整个藏区里藏传佛教最有传统、最兴盛的地区之一，保留有纯正、完整的宗教体系，藏传佛教寺院星罗棋布，蕴含着宝贵而深邃的民族、宗教、历史文化。无疑，玉树是一个历史悠久、文化灿烂、物产丰饶、山河壮丽的风水宝地。收拾行囊，我觉得自己已经做好了出发的准备。

同行的都是国内很著名的作家，也是我很喜欢的作家，有阿来、熊召政、杨志军、毕飞宇等等，能与他们同行真是一份可遇而不可求的幸运。此行，大家都抱着一个共同的目的——去玉树采访灾后重建，虽然一直在各种媒体上关注玉树、关注那里的抗震救灾与灾后重建，但是大家内心还是充满焦急与渴望，迫切地想去玉树去看看那里的人们生活的还好么，看看曾经倒塌的废墟还在么，看看学校和医院建的怎么样了……

作家们在西宁集合，我们乘车而行，沿着古时的唐蕃古道，现在的214国道，一路朝向西南进发，玉树就在我们前方距离800公里的地方。七月的高原，阳光灿烂，风和日丽，蓝天白云下的青海大地处处草长莺飞、百花齐放，让人颇有“内地七月芳菲尽，高原百花始盛开”的感觉。翻过日月山，伴着《卓玛》美妙的旋律，我们就算正式踏上了青藏高原，一路颠簸后，我们到达了果洛藏族自治州州府驻地——海拔3500米的大武镇，夜宿果洛，剧烈的高原反应，让人彻夜难眠。第二天一早启程出发，清晨的阳光透着寒意照射在无边的草原上，车窗外美景如画，笔直的道路延伸至远方，两侧绵延的群山顶上闪烁着金色的阳光。经过玛多时，草原上点缀着灿若星辰的大小湖泊——星宿海，这里是中国古代史书上记载的黄河源头（现在的黄河源头经科考确定在扎陵湖和鄂陵湖上方的卡日曲），而远方就是终年白雪皑皑的阿尼玛卿雪山（海拔6282米，为藏族四大神山之一）。

当我们翻越海拔4824米的巴颜喀拉山口后，玉树就在不远的前方了。远处的雪山闪着耀眼的光芒，无边的草原上漫步着成群的牦牛和绵羊。清水河、珍秦、歇武镇，车行不止、马不停蹄，快到了，就快到了。我们按捺不住内心的激动，道路很平整，路边的建筑也看不出丝毫震后的影子。玉树的结古镇，你现在到底是个什么样子？当那个悲伤的日子离你远去后，你身上的创伤是否已经愈合？你是否已经从废墟中挺立起来？

道路上运送建材和物资的车辆越来越多，两侧陆续看到倒塌的房屋，新修的建筑工地上工人们正在忙碌，板房和帐篷上写着民政救灾的字样，鲜艳的五星红旗在风中飘扬，我抬眼看到路边的指示牌上写着两个大字——结古。

扎曲河边的多吉

因为运送物资的大货车太多，道路泥泞、拥挤不堪，汽车走走停停，最后我们终于被堵塞在扎曲河的结古桥上动弹不得。司机指着前方说：“看，那就是结古寺。”在离桥不远的山坡上就是著名的结古寺，往日辉煌的庙宇和众多文物、珍宝已经毁于地震，令人心痛不已，现在上面布满了机械，工人们正在紧张地施工。

这时，车里的我发现在尘土飞扬、挤满车辆的大桥上，一个藏族少年正安静地倚在桥头凝视着远方，他安静得像一尊雕塑，与这个喧嚣的场景形成了强烈的反差。第一眼看到他时，我就被这个藏族少年深深吸引住了。他倚在那里一动不动，高原的阳光毫无遮拦地直射在他黝黑的皮肤上，宽阔的额头因为日晒而闪着油光，宽大的鼻子、略厚的嘴唇、方正的带着高原红的脸庞显示出这是一个藏族少年。他那带着少年稚气的脸上豪无表情，眼睛里看不出一丝喜悦与悲伤的神色，只是默默看着眼前的一切。车辆荡起的尘土使他衣服上附着了一层浅淡的灰色，看得出来他已经在这里站了很久了。他的周围是各种来往的车辆，汽车喇叭在不停地作响，建筑工地上忙碌的工人、路边摆摊招揽生意的小贩、转着经轮路过的红衣喇嘛……在这一片繁杂与喧嚣中，他的安静是那么的不合时宜，他的眼神与年龄是那么的不相符。

我看着这个藏族少年，心里一直在想，他为什么站在这里，他在看什么呢？顺着他眼睛凝视的方向，我看了过去，那里是结古镇的中心位置，在倒塌的废墟中，有很多建筑正在拔地而起，沿着扎曲河的两岸，是一片一片的蓝色帐篷，人们进进出出，有招徕生意的商贩、有搬运货物的工人、有照看孩子的妇女……眼前的结古镇就像是一个巨大的、忙碌的、混乱无序的工地。

在好奇心的驱使下，我下了车，走上前去，冒失地向他打招呼。

“嗨，你好，扎西德勒”。

他转过头看了我一眼，友好地说“你好”。然后，就把视线转回到原来的方向。

“我们从北京来，能和你聊聊么？”我试探着问。

听到北京后，他似乎很感兴趣，转过身来，笑着说：“哦，北京！那是很远的地方啊。”

“是啊，我们先坐飞机到西宁，然后坐汽车走了两天的路才到这里，你的汉语说得不错，是在哪里学的？”我笑着问道。

他低下头，有点不好意思地笑了笑。

“都是在学校里，我们老师教的。”

看得出来，他是一个性格有点内向的、略带羞涩的少年。

“你今年多大了啊？”

“13岁了。”

这让我感到很惊讶，因为他大约170cm的身高明显与这个年龄不那么相符。我笑着说：“你一定是个康巴汉子，才13岁就长这么高了。”他又不好意思地笑了，并没有回答。不过，我很快就释然了，玉树清澈的蓝天、纯净的河水、清新的空气，还有据说是吃着虫草、喝着泉水长大的牦牛，这样的环境养育出的人们也一定是非常健康而聪慧的。

眼前的玉树环境还略显杂乱，毕竟是在紧张的重建过程中，很多条件还不完善，学校的设施也一定还不健全，我不禁想知道他现在的学习情况。

“你现在在哪里上学啊？”

“我在西宁上学，其实，国家给我分配到都江堰的学校去读书，可是那里离家太远了，我爸爸就把我托付给了西宁的亲戚，这样能离家近点。”

听到这里，我的心放了下来。地震发生后，玉树有很多学校或倒塌、或成为了危房，党和政府很关心灾区孩子们的上学问题，各地也纷纷伸出援手，孩子们分别被送往北京、上海、四川以及相邻的几个省份暂时借读，等新的校舍完工后再把他们接回来。

“你在这里看什么呢？看得那么认真，我刚才在车上看你在这里已经站了很长时间了。”

“其实，其实没有看什么，就是我们学校放暑假了，我就回来了，原来我的家就在那边，没事的时候，我就想过来看看。”他一边说，一边把手指向离河不远的地方。我顺着他手指的地方看过去，发现那里还是一片正在施工的建筑工地，有几堵没有倒塌的土墙立在那里，周围零零散散的搭着几个帐篷。

望着那里，我忽然明白了这个藏族少年为什么会一直注视着这个地方。是啊，生养之地、故土难离，一个13岁的少年，在他从小生活、学习的地方，本应像其他同龄的孩子一样无忧无虑，享受快乐的少年时光，却突然遭受到如此的灾难，可以想见，对他的打击是多么巨大。我不忍心问他关于地震的事情，因为害怕触碰到他心里最柔软、最不愿提及的伤痛。

忽然，他用带着点委屈的声音说：“我不想离家那么远，我就想待在这儿”。

我没有说话，我不知道自己该说些什么。我很想说些开心的事情，让他高兴，可那又显得多么做作。我明白，这个站在尘土中的藏族少年，只是想再看看他的家，哪怕这里已经成为废墟，哪怕快乐的时光已经成为过去，但他的脑海里一定会永远铭记着自己的家园以前是多么的美丽、多么的令人痴迷。现在，他站在这里并不仅仅是在怀念过去，他一定更想亲眼看着自己的家是怎样一砖一瓦地重新拔地而起，他一定在盼望着新的家园能够早日建成、新的校园能早点使用，能够快点回到这里读书、玩耍、和家人快乐地生活在一起……

“嘀、嘀、嘀”，司机按着喇叭在催促我，堵塞的汽车长龙在满身都是泥点和尘土的交警疏通下，终于开始前行。我赶忙和少年道别，追了上去，上车后，忽然想起忘记问他的名字，我打开车窗向他招着手大喊：“你叫什么名字啊？”

“尼玛多吉”……

学校旁的多吉

回到驻地，我还在为没能留下尼玛多吉的联系方式而感到懊悔，心想如果以后能和他通信，寄给他一些书籍和学习用品，那一定会对他有所帮助。

第二天，我们来到了玉树州第二民族中学参观。这里的重建工作已经基本完工。校园里，环境优美、干净整洁，伫立着漂亮的教学楼，设施先进的运动场、宽敞明亮的教室、功能齐全的阅览室一应俱全，一点不逊色于经济发达的地区，让人一扫心中阴霾。同行的作家们饶有兴致地听取了学校重建的过程，当得知9月份学生即可进入校园学习后，书文俱佳的作家们纷纷挥毫泼墨，为学校和同学们留下书法作品和殷殷寄语，当大家的注意力都集中在书法上时，我的目光却被学校门口的一个小男孩所吸引。

从外表就能看出他是一个藏族的孩子，大约八九岁左右。清秀的脸庞，配上一双明亮而有神的眼睛，红扑扑的脸上满是天真无邪、活泼可爱。他正在和一只白色的小猫玩耍。我走过去的时候，他就抬起头对着我微笑。

“你喜欢小猫么？”他首先开口和我说话，一点也没有陌生人的感觉。

“很喜欢啊，我原来就养过一只猫，也是白色的，和你这只小猫是一个品种，不过我的猫很胖，不爱运动，后来得了肥胖症。”我笑着和他逗趣。

“你要经常陪它玩耍，它就会瘦下来的。”他认真地回答我。

“它真可爱，你的小猫叫什么名字？”我抚摸着这只刚刚出生不久的小猫问道。

“它叫咪咪，是我们家的大白猫生的，我特别喜欢它。”

他一边说着，一边把小猫抱了起来，递给我，让我抱。我接过小猫，这是一只纯白色的、有着一双宝石蓝眼睛的漂亮小猫，毛茸茸的，非常可爱。我抚摸着它，小猫遇到陌生人，浑身发抖，不停地叫着。

“你叫什么名字啊？几岁了？”我问道。

“我叫才仁多吉，今年九岁。你从哪里来啊？来干什么呢？”他开心地望着我问道。

又是一个名字里面带有多吉的孩子。多吉是什么意思呢？为什么玉树的人们喜欢用它来做名字呢？我告诉才仁多吉，我们来自北京，是来采访灾后重建的。他听了以后很开心，告诉我他的爸爸就在这所学校里工作，而他的家就在不远处的民居里，他很热情地邀请我去他的家里做客，边说边拉着我往前走。倒是我有点不好意思啦，可他的真诚和单纯使我无法拒绝，于是我们一同往他的家里走去。

这是一个学校旁边的普通居民区，建筑多是两层带院子的小楼，有些建筑的外墙还能看到一些细微的裂缝，那应该是地震留下的伤痕。刚走进胡同不远，就到了才仁多吉的家。这是一个寻常的院落，院门敞开着，里面是一幢二层的小楼，应该是在地震中幸存了下来的。进入房间，正中供奉着活佛的法相，桌上的佛龛里燃着香，家里的陈设很简单，家具不是很多，却很有藏族特色。才仁多吉很热情招呼我进来，边喊“妈妈，来客人了”。一位穿着藏族服装的中年女子从房间出来，我说明了来意，她很热情地招呼我坐下，倒上了一杯热气腾腾的酥油茶。我们攀谈起来，她的汉语并不流利，有时还需要才仁多吉的翻译。从谈话中我知道，她家有四个孩子，才仁多吉有两个哥哥，一个妹妹，她的丈夫在学校里工作，日子过得不是很富裕。当我问起她地震的损失和灾后的生活时，她告诉我，她的家因为是地震前新盖的房子，所以在地震中逃过一劫，家中也无人伤亡，不过房屋的寿命也大大缩短，以后也会存在重建的问题。地震后，政府很照顾灾民，给了她家和邻居们很多帮助，她还告诉我，邻居们的房屋在地震中有不少都倒塌了，也有许多人在地震中伤亡，她很难过。我不想提过多关于地震的话题，就问才仁多吉的学习怎么样。才仁多吉抢过话来说，“我很喜欢读书，以后要去北京上学”。我们大家都开心地笑了。

我用随身带着的相机，给才仁多吉和他的小“咪咪”拍下了照片，并和他们合影留念。临走时，我留下了他的地址和联系方式，答应回北京后和他联系，给他寄照片和他喜欢读的书。

才仁多吉身上的聪明、乐观、活泼、开朗，深深地感染了我，这样一个可爱的孩子，有谁会不喜欢呢？他的眼中是没有忧愁和烦恼的，他的脸上总是充满着天真、灿烂的笑容。也许八九岁的孩子并不能特别清楚地理解地震带给他和他周围人的影响，可他用自己的乐观、开朗，用自己的灿烂笑容给周围受到伤害的人们带来了多么大的心灵慰藉啊。

草原上的多吉

告别了才仁多吉，我一直在思考，“多吉”这个名字到底是什么意思呢？如果从字面上理解，应该是“很多吉祥”或者“非常吉祥”的意思吧？可那样就是片面地断章取义了。我问了一些同行的作家，他们也不是很清楚，只是说，藏族人的名字有很多都是出生时请寺庙里的活佛或者喇嘛给取的，也许是藏传佛教里的词汇吧？

在玉树的第三天，阳光明媚的好天气，天空中飘浮的朵朵白云仿佛触手可及，鲜花盛开的草原在蓝天的映衬下显得格外美丽。而在藏族的日历中，这也是一个非常吉祥的日子，我们得知今天有一个藏传佛教非常重要的活动——第十七世多拉活佛坐床典礼，这同时也是当地藏族人民很隆重的集会，如同节日一般。机会难得，我们早早就决定赶去参加。集会是在一个美丽的草原上举行的，两侧是绵延不绝的群山，不远处有一条奔流而过的小河，草原上绿草如茵、各种不知名的花朵竞相开放，上面星散着装饰精美的白色帐篷。人们身穿节日的盛装、佩戴精美的装饰、携带各色藏族美食来到这里参加集会。美丽善良的藏族姑娘们结伴而来，她们穿戴着最漂亮的藏族服装，上面点缀着红珊瑚、蜜蜡和绿松石等各种装饰，叮当作响、步履生辉；高大健壮的藏族小伙子，身着藏袍、脚蹬马靴，显得威武神气；更多的人们是全家出动，他们有的早几天就在附近搭起了帐篷，此刻正享受着隆重的节日氛围。渐渐地人们围成一个大圆圈，席地而坐，喇嘛们穿戴整齐、围坐在一起，活动在锣鼓齐鸣中开始了，多拉小活佛神情庄重地坐在法床上，接受人们的祝贺与膜拜，大家在围聚的圆圈中欢快地跳起了锅庄，脸上洋溢着幸福的笑容。

我坐在草地上，开心地看着眼前欢乐的海洋，不时用相机拍照。在我旁边是藏族的一家三口，妈妈抱着一个四五岁的漂亮小女孩，女孩的眼睛清澈而明亮，和妈妈紧紧依偎在一起。我把镜头对准了她们，妈妈发现后马上不好意思地把头扭了过去，小女孩的爸爸却很高兴，示意我能否给他们全家拍一张合影，我高兴地答应了。

“你们从哪里来啊？”我笑着问道。

他们笑而不语。

我又问：“孩子真漂亮，几岁了？”

他们还是看着我，笑而不答。

我这才猛然发觉他们可能不太会说汉语，还好旁边有一个热心人，帮我充当了翻译。在随后的交谈中，我知道他们来自几十公里外的称多县，是草原上的牧民家庭，为了赶来参加这次集会活动，提前好多天就开始准备了。我问起他们平时的放牧生活，男主人说，放牧很辛苦，但是他们一家人能在一起，虽然辛苦却还是感觉很快乐。说到这里，他和妻子都有些不好意思地笑了起来，我们大家也都开心地笑了起来。因为语言不通，我们无法有更多的交流，我给他们看数码相机里他们全家福的照片，小女孩可能第一次看到相机中的自己，开心地拿着相机翻来覆去地看，看着眼前这幸福的一家三口和欢乐的玉树人们，我的心中感觉非常开心和欣慰。地震虽然给玉树人民带来了巨大的灾难，但它无法摧毁玉树人的精神世界。他们的信仰，他们勇敢、乐观的精神，支撑着他们在灾难面前去无畏地抗争、在灾后重建的重重困难中乐观地应对。生活还在继续，他们依然可以如从前一样开心地舞蹈、幸福地微笑。

我拿出纸笔，让男主人留下姓名、地址，以便回去后将照片寄给他，没想到他会写汉字，他拿起笔，在纸上写下“久美多吉”。我心中一惊，又是一个多吉，我问旁边的藏族人，多吉在藏语中是什么意思？他笑笑说，不知道，活佛应该知道的。我猛地想起同行的作家中有人认识一位活佛，而他今天也来到了典礼的现场，正好可以向他请教。

于是，我马上辗转找到了这位德高望重的活佛，他听了以后，慈祥地对我说：“多吉，在藏传佛教中就是金刚的意思，它代表着勇敢、坚强、无畏！在玉树，有很多人叫这个名字。”

我豁然开朗，尼玛多吉、才仁多吉、久美多吉，此行中我有缘认识的这三位藏族朋友，他们名字中的“多吉”，不正好就是玉树的精神所在么？勇敢、坚强、无畏的玉树人在地震以及灾后重建过程中所体现出的品格，正是对“多吉”的最好诠释。

玉树多吉，多吉玉树！

玉树忧思录

祁建青

此次抗震救灾，我在玉树参与救灾任务共二十三天，回来体重减了八斤。这每天约为三两的减法，幅度可谓不小。除去任务负荷重，其原因我以为主要是缺氧所致。而时间长短也有直接关系，所以，尽管当时饮食睡眠都还不错你也依然也不行。

这就证实了一个说法：在海拔4500米上下的青南高原，你就是坐着不动，肌体仍如同负重三四十斤在运动。换句话说，在工作状态下，你体能体力的支出将会陡然翻番加倍。

这个“缺氧损伤论”在同去的同龄人身上普遍得到印证，只是程度不尽相同。当然事情总不会是绝对的，这一现象到一定阶段就会发生扭转，那时，体重就会停止减少而要逐渐回升增加。因为，人们将逐步适应转换最终战胜缺氧，这正是人体强健机能的本事所在。

就在地震发生的当日后半夜里，一个余震在脚下隆隆滚过，很突然、很强烈。震感退去余悸难消。每逢此刻，人们皆会如我一样快步出到帐外来观天望地。这时候，玉树漆黑一片，仿佛一切都在沉睡，实际上不要说人，连狗都大睁着眼睛。玉树，你使人意识的触角已然由自身而至自然、而至人类生存安危命题的深处和高层。夜空下孤独的思索者徘徊如幽灵。

人们就像孩童般发问：“刚才又地震了，你感觉到没？”明明都感觉到了，但还是要相问。大地释放能量，人们立时惊恐，立时就要说出，说出来以示同在承担，以求相互安慰。

随后却是无话可说。感觉懵懂无序，心头还继续承受着那个余震。地震把脑子也震住了？这可是胡说呢；说心理上此刻极度茫然无奈，倒是真的——下一震和这一震一样，不知何时，会有多大？

要是能像预报天气变化那样预报地震就好了。要是能控制改变、延迟乃至制止地震就好了。一时间这些说法频频出现，种种平时从不会有的天真想法从每个人的脑子里掠过。

但是，现在我们完全明白，真正的灾难人类还不能预知。能预知者，那不叫灾难。

经受了大地震的人，恐惧感可以说深入了骨髓。摇撼而使建筑坍塌的强地震，实际上亦能摇撼而令人灵魂坍塌，即使说他们的肉身在地震中并未倒下。一如震区那些没有倒下的楼房，表面看上去完好无损，内里则已伤筋动骨且程度至深。

如同下了一次炼狱，灵魂经历了洗礼。那么，无论是有伤、无伤者，只要你从废墟中活着站起来就是奇迹。你体验了灾难何其可怕，看清了死神的面孔，听见了兄弟姐妹们凄厉的惨叫声，那么多鲜活的生命顷刻离你而去。而你终归挺过来了，坍塌的心灵瞬间凝聚，生命获得九死一生的大涅槃。

既然是源自于大地的能量，那它就势必穿透一切。想来，此次大灾难当中，连同草木之根须，都尽皆被击伤了。只不过它们没有被压埋，它们像从废墟里营救出来的幸存者，硬伤不算，还有难以目睹的内部软伤。

我看见，结古镇及周边的树木草叶欣欣向荣。阳光下和雨水里，我知道了，它们正静静地相互安抚，正默默地自我疗伤。

想不到曾经祥和的大地如此狂暴。想不到曾经安稳的大地如此危险。想不到，玉树“4·14”地震在2008年汶川“5·12”地震后不到两年，就又发生。玉树地震时间个位数相加为“8”，真又应了当时热传的那个数字“8”之说？这自是过于牵强。可是，才进入四月全球便地震频发，难道不是世所罕见？一条短信称“2010年地球被调到了震动上”，我看不是谑言。一系列大地震，至少可以看作是自然对于人类的一次又一次危险警告。

不能掉以轻心，不能忘乎所以，不能心存侥幸。灾难早就一回回告诫人们，必须居安思危，必须胸怀忧患，必须警钟长鸣。

令人惊讶的是，玉树与汶川大地震位置竟然相距不远，在纬度区域上十分相近。上世纪大地震多发在东部低平的海城、唐山，三十多年之后，又转到了高海拔的西部山区。此类科学与经验都解释不了的现象，总让自以为了不起天不怕地不怕的人类陷于尴尬境地。

在预测地震灾害方面，与古人相比，数千年走过来，现代人办法手段确实并没有高明多少，教人实在不敢恭维。但埋怨是没有道理的。老老实实地说，面对所有的自然灾难，诸如台风、暴雨、干旱、洪涝、雪灾，人们的表现仍还是那样一筹莫展，那样愁容满面。没办法，灾害总是如沙暴、雷击、冰冻般突如其来猝不及防。那么，我们有防范其发生的管用招数吗？没有，全世界都没有。

而像远古时候猛兽威胁人类生存的情况，现今是绝不会有了。可是，虎狼大虫被逼向一隅后，另一种生物病毒细菌正横行肆虐开来，数量之巨，祸害之深，教人着实惊恐。

问题出在大自然，原因却在人本身；承受灾难是人类，但受害首先正是大自然。

一个良性的健康的完美的生命圈亟待人们来共同匡合。但弄不好，有一天它也可能会被砸个稀烂。大自然和人长期共守的契约机制，于今显得那样脆弱而难以为继。人类，你好像已变得很靠不住、很邪乎。文明从未像今天这样辉煌，也从未像今天这样疯狂。要说有一天，地球人会走向其文明极致的反面野蛮去，那就是从现在开始的。

生存安危问题，自古伴随人类。这像一个人自成胚胎起，到出生来到这个世界，至寿终归去，是时时处处都须小心仔细，而万万不可粗心大意的。

人们吃惊地看到，文明进步发展至今，不断强盛的人类并没有在这方面完完全全掌握主动，而几乎时刻处在被动中。创造了经济奇迹，攻破了一个又一个难题的人们发现，这个世界的问题不是愈来愈少而是愈来愈多了，也不是愈来愈简单而是愈来愈复杂了，更不是应对自如而是常常捉襟见肘难办了。由人类自身原因造成的冲突、恐怖、瘟疫、战争等祸端，让这个世界总是处于困惑恐慌不能自拔。

地球已经成为一个问题地球，环境变化与灾害问题交织。

世界也早就成了麻烦世界。资源的、宗教的、民族的、国家

的利益矛盾叠加。人类无处可逃，与其坐以待毙，莫如共同携手承当，希望这能成为跨政治、跨国界的全球共识。而这可能吗？当下，我们还完全看不到。悲哀就悲哀在这里。而有幸还有幸在，人类的这一理想还在，还没有如泡沫般破灭。

以上所举自然的和社会两大系统的安危是最大的安危问题。而这里面，社会性的灾难可以说比之自然性的灾难，其对人类造成的危害杀伤性严重性要更大、更甚。

纵观古今诸种危难，可以得出结论：人类大敌，首先在乎自身，自然灾难乃属次之。错，片面了。从现在开始，无论自然还是社会的原因与结果，对人类来说均为首要。

在自然界和人自身带来的双重灾难中前行的人类社会，其道路愈发显得危机四伏、险象环生。其实，人类的神圣崇高就在这里，灾难和痛苦紧随你，考验与挫折不放过你，坚毅智慧的光荣属于你，幸福快乐的命运终会归于你——假如这个世界年复一年平平淡淡啥事儿都没有，那你也就失去了存在的价值和意义了吧？

玉树，多彩家园的涅槃

龙仁青

今年第5期的《中国国家地理》杂志发表了我为玉树地震灾区撰写的文章《结古：震不垮的艺术之乡》。看到杂志的时候，我在北京。吃完饭，在一家书摊上买了刚刚出版的杂志，边走边看。忽然，杂志中一张图片上的一个小小的细节吸引了我。我停下来，仔细地看了起来。这是一幅拍摄于地震现场的图片：倾斜的电线杆、破碎的瓦砾、扭曲的门窗……在这大片的废墟中，一家人正在清理出来的一小片平地上烧火做饭，就在离他们不远的地方，并排立着两只木柜。显然这是一户人家的厅堂，两只木柜原本是依墙而立的，地震中墙体倒塌了，木柜却依然保持着曾经的样子。就在其中一只木柜的背面，写着几个藏文字：嘎吉宗巴，意思是幸福凝聚。看到这几个字，我的心忽然狠狠地揪了一下。

这两只木柜，原本属于一户什么样的幸福人家啊！把心里那小小的幸福和小小的期盼，写在木柜的背面隐藏起来，就像是把一件心爱之物悄悄收藏在不为人知的隐秘所在，就像把一桩甜蜜的往事深埋在自己心灵的角落……而这场地震却掠夺了一切，让他们曾经精心收藏的幸福和期盼，就这样裸露在光天化日之下，不知道幸福是否还在延续，期盼是否依然生动？

显然，杂志的编辑和这张图片的作者不懂藏文，并不知道这张图片上会有这样一个细节，图片说明中并没有提到这个内容。这个令人感动的细节，却这样被记录了下来，定格在图片上。

玉树，这片吉祥的草原，这里的人们的确是幸福的。他们怀揣坚实厚重的信仰，生活得安逸、平和，知足和无所求的生活态度，让他们真正地接近了幸福本身，于是他们用高亢嘹亮的歌和欢快奔放的舞来表达他们的幸福。

玉树草原有着“歌舞的海洋”的美誉，歌舞文化随着生产方式的不同，密集分布在这里的东三县（玉树、囊谦、称多）和西三县（杂多、治多、曲麻莱），素有“东三县的舞，西三县的歌”之说。以农耕为主的东三县，由于人口相对集中，以群舞为主要表现形式的玉树藏舞在这里广泛流传，而以游牧为主的西三县，由于地广人稀，成了高亢悠远的玉树民歌的天堂。用他们自己的话说，这里的人们“会说话就会唱歌，会走路就会跳舞”。这句话其实揭示了这样的道理：在这里，歌舞并不是刻意的表演，而是他们庸常的生活方式。

不仅是歌舞，这里几乎汇集了藏族文化的所有精华。玉树，几乎就是一个天造地设的藏族文化的集散地：她地处藏族安多、康巴、卫藏三大方言区的交汇地带，以三种不同的方言为特征的藏族传统文化在这里融合、集散。历史上著名的古道——丝绸、麝香之路、茶马古道、唐蕃古道……从这里横穿而过，给这里带来了古老的商业传统和繁盛的商业贸易的同时，也带来了中原和异域的文化。这种多元文化杂呈的特质，孕育和培养出了众多的高人雅士，迄今，这里依然如此，在一种貌似庸常的表面下，在安逸平和的人群中，他们身怀绝技藏而不露，一经相遇，令人惊讶。

这里随便罗列几个人。

江洋才让，作家，曾经在鲁迅文学院学习，生活在玉树州府所在地结古镇。这位用汉语写作的康巴汉子，有人说他的汉语“优雅中折射奇崛，空灵中显露锋芒，为汉语赋予了一种非汉语的超拔想象力”。媒体和文学评论界并没有注意到他，而他的作品每每频现于全国大型报刊。新近，《钟山》杂志发表了他的长篇小说《怀揣石头》，敦煌文艺出版社出版了他的长篇小说《然后在狼印奔走》，青海人民出版社重点推出了他的长篇小说《康巴方式》。

昂旺文章，音乐人，词作家。谦逊，随和，不事张扬。曾写出《妈妈的羊皮袄》、《遇上你是我的缘》等风靡一时的歌曲，几度与我国著名音乐家赵季平、曲波等合作，谭晶、亚东、黑鸭子组合等歌手演唱过他写的歌。迄今却还不是省音乐家协会的会员。

才仁巴桑，音乐人，曲作家、歌手。这位只在青海省艺术学校学过几年声乐的中专生，凭借着丰厚的民间音乐文化的滋养和天生的绝佳乐感，写下了《遇上你是我的缘》、《祝酒欢歌》等一批在青藏高原流传甚广的歌曲，被誉为“玉树怪杰”。

央金兰泽，音乐人，歌手。没有经历太多的音乐学习和训练，却有着充满磁性的悦耳歌喉。玉树地震后，她受邀成为凤凰网赈灾大使。

这样的人物，在玉树可以罗列很多。与生俱来的艺术天赋使得他们的精神和生命未经太多的打磨，就折射出了耀眼的艺术光华。

在西宁，有许多以演绎藏族歌舞和经营藏餐为主的“朗玛厅”，在这里演出的大多是来自玉树的歌手，他们在康巴文化的洗练下，个个拥有一副天籁般的好嗓子。德勒就是这众多歌手中的一个。

就在玉树发生地震前的某一天，德勒给我打来电话，说他和他的朋友打算在结古镇的格萨尔王广场搞一次公益演出，把演出所得全部捐献给那里的孤儿学校。地震发生的那一天，我急忙给

他打了电话，他一直没接，直到下午，他把电话打了过来：“我在西宁，阿爸没了，我想去玉树，可是长途客车已经停发了，便车可能也不能走，路坏了……”说着便在电话里哽咽起来。我拿着电话，却无言以对。我感到了我的无能，在朋友最需要关怀的时候，却说不出一句安慰的话来，直到他把电话默默地挂断。

德勒他们策划中的公益演出还没有眉目，他们本想要资助的孤儿学校的孩子们却又受到了自然灾害的重创。这些原本就失去了父母的孩子，又失去了他们喜欢的两位老师……

他们准备献艺的格萨尔广场，如今成了安置灾民的地方，搭建起了一排排的帐篷。广场中心的格萨尔王雕像依然屹立着，横刀立马的英雄，一定给了这里的人们面对地震、重建家园的信心和勇气。

达瓦扎巴是一位生活在结古镇的《格萨尔》史诗说唱艺人，是青海《格萨尔》史诗著名的传承人之一，12岁时便会说唱《格萨尔》的故事，成为家乡的一名小童星，受到牧民群众的喜爱。每当喜庆日子，他便被牧民请去说唱《格萨尔》。达瓦扎巴的《格萨尔》故事总也说不完，19岁的达瓦扎巴被破格吸收为国家干部，在自治州群众艺术馆专司说唱《格萨尔》。达瓦扎巴能说唱《格萨尔》140多部，现在已经录制完成了28部，被有关部门授予“非物质文化遗产传承人”称号。每天，30多岁的达瓦扎巴都喜欢到格萨尔广场，并虔诚地向格萨尔王的雕塑行礼。

如今，广场上却一片零乱，面对着一顶顶的帐篷，达瓦扎巴有些手足无措。几天里，他已经收到了许多人的邀请，让他去说唱格萨尔王史诗，为亡者送行——依照这里的习俗，当家人故去，人们都要请说唱艺人来说唱《格萨尔》史诗，在死者的周围撒上白灰，直到说唱艺人说唱到人们看到白灰上出现马蹄印为止。他们认为只有这样，死者才会被格萨尔王骑着他的天马超度。

此次我去北京，是应省《格萨尔》史诗研究所邀请，为他们即将出版的八部《格萨尔》史诗汉译本作编辑、校勘工作。工作暇余，谈及玉树地震，与我同去北京的《格萨尔》史诗研究专家、原青海省文联副主席角巴东主先生悲伤地提到了在地震中遇难的《格萨尔》史诗说唱艺人图登君乃。

图登君乃，玉树杂多县人，他不仅能说唱《格萨尔》的故事，还能说唱《水浒传》、《西游记》等。今年4月初，他受玉树州群艺馆邀请，正在录制几部《格萨尔》史诗的说唱，租住在一所简陋的民房。地震发生时，房屋倒塌，他和他的家人不幸遇难。他的去世，是《格萨尔》史诗说唱、研究领域的一大损失。

图登君乃的名字，恰好与玉树电视台一位主持人同名。地震发生后，这位主持人被邀请到青海藏语卫视主持节目。角巴东主先生说，那几天里，他每天都在收看青海藏语卫视的节目，却又频频要听到逝者的名字，每每让他心痛不忍。

结古镇，一个充满了旋律的草原小镇，在朝阳和落日的辉煌里，同样闪烁着多彩的色波。一幅题为《康巴人》的版画，把这种透明的颜色淋漓尽致地表现了出来。这幅画曾获全国第十四届群星优秀作品奖，作者叫阿太，生活在结古镇，毕业于西北民族大学美术系油画专业。徜徉在玉树草原氤氲的文化紫气里，他时常为自己是个康巴人而感到骄傲。2008年，他的另一幅作品又入选全国美展，这幅画的题目叫《康巴女》。

地震发生的第二天，阿太远在西宁的弟弟就一路赶赴结古去接他，他却坚决地留了下来。他对弟弟说："我是玉树活着的人，这个时候我要走了，就再也没脸回来了。"

我给阿太打电话，问他最近准备做什么，他说等抗震救灾工作结束，他想画一幅画，"就把结古镇凭着记忆画出来，用那种矿物质的自然颜料"，他说。他的话，让我想起了一幅凝固了的彩色坛城。

就在我和阿太通电话的时候，电视里正在播出有关玉树抗震救灾的新闻，一个叫巴桑旺姆的妇女被救援队从废墟中拯救了出来，她在废墟上诞下了一名婴儿。或许，一个新生的结古就从这个婴儿的啼哭开始了。

此刻，我想起了凤凰涅槃的故事。

格桑花的期待

王凤英

这是我五年后第二次来到玉树，说实在的，我怎么也没有想到二度来此是以这种方式。玉树正打着滚儿尖叫，揪心的疼痛使名字的注脚改抹成了黑色，格桑花开成了苦难的颜色。

之前我一直深信，天地玄黄满目苍茫，生命令人绝望地渺小且令人绝望地脆弱，那是人力不可为的，恰如“从来没有一首诗阻止过坦克”（希尼语），但我竟无法料到，有一种痛也是那样令人绝望。

离西宁825公里的前方，就在青藏高原藏南卡若文化和北部卡约文化的交汇处的前方，突如其来的灾难天翻地覆，没有谁能够防备。没有谁能够防备的7.1级地震，在4月14日7点49分突然就来了，来到了平均海拔四千米的玉树草原，来到了古老而神秘的天边。一刹那天地崩坼、江河呜咽。灾区死亡和失踪人数时时攀升，救援大军源源不断汇入，所有人的心揪疼了。接到奔赴玉树灾区的通知是在震后第三天的早上，那时我正枯坐办公室和所有同事一样焦急待命，静息体内的每一根神经，收悉从前沿传来的报道。但电话来的时候，通知我一个人前往，那一刻，不知该欢喜还是该伤感，真的像已等了千年。我想我是幸运的，幸运的我能够以自己的方式为逝者做一次近距离的生命祈祷。

意料之中，一路上和群山一道起伏，与雄岭一起延绵，那么好的车蜗行16个小时真叫可以，之后，终于将我颠簸到了结古镇。已经麻木的双脚点到地面的时候，我想我肯定忘记了缺氧，虽然头疼得要死，腰椎也像胡乱插进了许多根铁钎子一样，但我分明已经失语，分明已经泪流满面，那一刻，怎一句悲悯情怀勉强道得。这是哪里啊，这是我曾经来过的“王朝遗址”吗？上一次幡声猎猎中我见证了一座座灰蓝的、莹亮的草山以少有的肃穆凝神注视，一条条奔腾的江河气质非凡地浸润着生灵。这一次，这一次真的恍如隔世，仿佛轮回从前，藏语里称为“族众兴旺”的结古镇，成片的村庄倒塌，鼎沸的集市消失，歌舞的海洋枯竭，成群的人成为废墟中凝冷的亡灵，整座高原小城被飞扬的尘土呛得几近窒息。死亡那么迅疾，那么大，地球那么遥远，那么小，小到竟无一座小城的立锥之地！

已经是下午六七点钟了，天麻黑了。仍有一大片橙红的颜色移动在黑暗的废墟上，是救援队呀。他们在玉树州工商行政管理办公楼旁，楼旁那些昔日的建筑眼下如同折纸叠摞一起，且像瓷器一样碎裂得很彻底很坦白。来自四川的一支救援队和一辆挖掘机在一波波的余震中奋力坚持，试图给阴霾苍天最为严厉的质拷。一位头盔上写着“泸州”字样的大眼睛救援队员指着桥边逼仄处的挖掘机说，你看，这样操作很危险，但没法子啊，这些楼板和碎砖石纵横交错，几米下压埋了四个人，这四个人早就没有一丝生命迹象，大家挖掘差不多五六个小时了，没有任何进展。但他又说，再困难还得把死者拉出来，死也不能让他们憋死在里头。说这话时他的眼圈很红，嘴唇很紫。我看一眼那辆挖掘机，正缩手缩脚在巴掌大的河岸，但周围真的再没有方寸之地可以容它施展拳脚。好一个“死也不能让他们憋死在里头”！生命的尊严给了生者也给了死者，让死者死也要死在天光下，哪怕最后做一次告别的呼吸也好啊！

在玉树的十几天里，每每在夜晚被缺氧憋醒被寒冷冻醒时，我总想起那些被深埋的声音，那些被高原的寒冷冻僵的躯体，那些被尘埃堵在气管里已经乌黑的哭喊，那些血和呻吟……里尔克说："此刻有谁在世上某处死，无缘无故在世上死，望着我？"我想，现场救援人员都被这种"望"坚持着，很困难很柔软地坚持着。他们说，发生在高原玉树的大地震，营救困难百倍，不是战争却比战争更残忍，没有炮火却比炮火更惊人。地处高寒偏僻、经济落后，仅这连体伤痕便震碎了一千多年的唐蕃古道，让她在自然的暴烈中真的无能为力。这里大部分房屋属土木结构，地震来临，她立刻毫无选择地呈粉碎性坍塌，眨眼夷为平地。有人说，在这样的坍塌面前生命肯定令人绝望地脆弱，生命即使侥幸不为轰然落下的横梁、檩条、空心砖砸断脉搏，毫无存活间隙的憋闷也不能给生命短暂的呼吸。就算这样的幸运不被碾碎，继之而来零下二十多摄氏度的寒夜，除了奇寒还是奇寒，何况等待着的还有浓重的黄尘呛入肺部，只消你稍有呼救的念头……

世间总有无以计数的无奈，便总有无以计数的悲怆！

长歌当哭，然而，这颗心却怎么也无法承载起令人触目惊心的残亡，无法直视生命疼痛的信息。

每天穿梭在废墟之上，心痛得不得了。带来的采访本写满了，U盘存储空间也告罄，文字却像利锉一样把悲伤磨出了锋芒。解放军、武警官兵、公安干警、救援队、医疗队、民兵、志愿者……他们很努力了，他们裹挟希望，他们腰斩死神，他们决不放弃！当警报与汽笛哀鸣，当国旗弯腰悲泣，当雪山用三江源的涛声吞咽，当那么多的人已永远不再醒来，当眼泪无法截流时……

长歌当哭，焚香酹酒，生命的轻不必永远承受悲怆之重。"锅庄"会代之以伤痛，这里开满格桑花的草原雪山仍然一如从前地沸腾，我想这是一个不久的期待，真的是一个格桑花的期待啊。

玉树三章

撒玛尔罕

向往

认识玉树是因为读到一本很厚很厚的《格萨尔王传》，直到今天，我依然记得那其中的故事。这些故事我是很小的时候在农村的炕桌和煤油灯下读完的。那时候，在我这个纯真少年的心里玉树就是天堂：草原、帐篷、清清流淌的水、追逐嬉戏的少男少女、灿烂的笑、宁静夜晚藏獒的狂叫、山那边传来的情歌以及阿姑顿巴的智慧。在我少年的梦里，种下了玉树的缘。

对玉树的向往，最早缘于朋友的文字。我的好朋友藏族青年作家江洋才让是土生土长的玉树巴塘人。他身上流淌的康巴汉子那种血质，他刚毅的美、健康的美、纯洁的美给我留下了深刻的印象。他故土情深的诗歌、抒情优美的散文和娓娓道来的长篇小说《怀揣石头》和《康巴方式》告诉了我一个美丽而神秘的玉树。从此，玉树这个字眼深深地刻在了我的心里。

玉树！我心中默默向往的玉树应该是：蓝得让人流泪的天空下飘动白得不能再白的云朵，绿绿的草原绽放的帐篷犹如花朵开满巴塘，飞奔的栗色马上甩开长袖的男子健壮飒爽，羞涩掩进头巾的藏女舞红草原的黎明。或许，还应该有江洋才让静静地躲在夜晚的篝火旁，观察歌舞和爱情呢？

还缘于诗人马丁的一首诗，他曾在上世纪九十年代游荡到玉树的巴塘草原，写过一首《在文成公主庙前停留片刻》的诗，诗中有这么两句诗记忆深刻："我在数对面山坡的羊只/第一次数着是二十九只/第二次数着是三十一只/中间的那只羊呢?"很简单的两行诗，触动了我那根玉树的情弦，我从这两句诗里读到了玉树草原弥漫着的一种生活方式，一种玉树山水渗透着的浪漫色彩，一种翻越一座山的渴望，一种犹如卵石间穿梭的蜥蜴一样的骚动和不安。同样是因为向往，我后来的一首诗里居然替马丁找到了他丢失的第三十只羊，我说：那是马丁在巴塘草原丢失的那只黑头白羊……

或许缘于朋友们的一段段美文或者情景交融的描述，我对玉树的向往就像游动在血管里的一种蓝色的金鱼，时不时来啄你一

口，时不时让你的心中涌起一种蓝色的微澜，有一种怀恋的伤情，让你美丽地痛疼。

对玉树的向往，还缘于藏族拉伊。每次听到这种悠扬绵长的藏族情歌拉伊，我就像站在夏季辽阔无边的草原上，穹庐似野，青草波及心灵，羊群俨然盛开的花朵，在大地散发一种诱人的爱……我喜欢在静静的长夜里，躺在农村的屋顶聆听收音机里的藏族拉伊，风空空地掠过，闭上眼睛仿佛看见白色的帐篷，瓦罐里飘出的浓郁香气的奶茶，月光照亮藏刀鞘上镶嵌的宝石。当然，这时候还应该看到酒后汉子们脸上的晕红，看到姑娘们的歌舞，以及土地一样宽厚仁慈的老阿妈手上转动的经轮……也许我的血缘与藏族人有着远祖亲情的缘故吧，作为撒拉尔人的后裔，听藏族拉伊仿佛回到了远及天边的草原，那种扑面而来的亲切感就像祖先的目光温暖地照在我的脊背上。

我曾和朋友们讨论过聆听藏族拉伊的境界。如果你真想悟出点什么，那就身临其境认认真真地听三次。第一次听出的应该是一种辽阔和悠远，第二次听出的是一种苍凉和悲抑，而第三次才会听见康巴人那泉水一样清澈的爱意，绸子一样柔软的情肠。我在想：藏族人的拉伊和其他民族的民歌截然不同，它既不是旷野里声嘶力竭的拖腔，也非吟花弄月才子佳人式的吟哦。它是原始的、荒凉的、野性的、辽阔的而雄奇的，它带有某种神秘色调的质朴的哼唱，是内心剧烈涌动而出口成歌时又分外委婉无言的哼唱。言犹未尽，只有千年万载的伫望，只有彻头彻尾的沉醉，只有长歌当哭的感怀，才能唱尽，才能倾诉得干干净净。

而听歌者更是感思至深，腮边淌下串串泪来。听歌者的心像是翅膀真正找到了宽阔无边的天空，急着闪动和飞跃。全身更像是被热乎乎的温泉水泡过一样，舒筋活血，补气提神，听歌者现出一副醒悟的样子，二次复生和淋漓尽致的样子……是泣，是悲，是神勇无敌的英雄格萨尔王的沉默。

对玉树的向往，还缘于一种美的追求。我崇尚原始的美，崇尚一种自然的美，在我的诗里也曾出现过藏族人的美：草场，篝火，瓦罐、牧鞭上的日子，牧羊女用力甩开的长长的抛石绳。藏族人骑在马背上的动人姿势，好像在海浪上起伏。藏族人眯着眼睑让人着迷的凝望，在一种回首或者凝望之间的模样酷似气度不凡的王者。特别是藏族赛马骑着飞驰的骏马捡起地下的哈达，转身瞬间用土枪射中靶心，赢得众人喝彩时的那种自豪感，那种马背上威仪凛然的神态，真是神勇无比的决斗士。上世纪八十年代，我在西宁大街看见康巴藏人时，第一次吃惊于康巴男人那富于特点的体形——体格健壮、皮肤黝黑，而且脸上刚毅仁厚。康巴人骨子里那种与生俱来的豪放旷达而又略带忧郁的性情，真是与先天的血缘传承以及后天的高原塑造不无关系。

那还是十年前的一个炎热的夏季，我和马丁为着一种约定，为着泯灭火一样燃烧内心的向往，决定去一次玉树。记得那天早晨我给马丁打电话约好中午十二点准时从西宁出发。照相机、防寒服、笔记本电脑，还有献给朋友的地方特产和几条洁白的哈达，准备得一应俱全，兴高采烈地只等司机接人。但世上的有些事情就是这么巧！十一点多钟我接到了公司人事部门的电话，下午领导要找我谈话（后来工作有变动）！那种泄气，那种从头到脚的凉意，至今都难以忘却！还有一次是在四年前，江洋才让打来电话约好在巴塘草原搭一座帐篷，选一只上好的草膘羊，只等我和马丁赴约，约请的朋友哈克木也从循化匆匆赶来。最终也是因为我工作的缘故未能成行。

就是这种一次次擦肩而过的约定，使我内心深处对玉树、对江洋和江洋提到过的那位喜欢我诗歌的藏族美女些许存有一种深深的愧疚感，这种愧疚感就像一种病痛，一种泛红的伤口，隐隐痛在我心里，隐隐地折磨着我，使我对玉树的向往感更加强烈！

这种向往，常常使我在闭目养神的瞬间或者闲暇时光里，恍恍惚惚中依然看到圣地般纯洁的玉树，看到转动不息的经轮，迎风颂唱和祈祷的经幡，还有虔诚的老者念念有词中煨桑时眼里绽开的幸福！

破　碎

而4月14日的早晨，玉树在我炽烈的向往中彻底破碎了。

这个破碎了我梦想的消息，不断从四面八方的亲人和朋友们那边传来。短信、电话、问候保重的关切情谊铺天盖地，使我正忙着赶赴玉树灾区的行前准备也显得更加慌乱。出发的时候，我没有意识到西部旷野里发生的地震还真能够颠覆我梦中的玉树。玉树应该是一座坚韧之城，一座完美之城，无论怎样的摧毁，玉树依然能挺起它的脊梁，矗立在三江源头，依然是最美丽的地方。无论怎样的坏消息，我从心渊深处还是保持着一种似信非信的侥幸心理，不愿接受这种近似毁灭的灾难。

在赶赴玉树的路上，与我同车的张国栋接到了玉树亲人的电话，电话里悲号着诉说刚刚在地震中失去生命的六位亲人的名字。这位康巴汉子久久地沉默，表情凝成了一座山。他没有哭泣，也没有流泪，只是强忍着失去亲人的痛苦喃喃地说：这回玉树肯定是很惨啦！此刻，我朦朦胧胧才真正意识到事情并非我想象的那样幸运。

当我于地震当天的晚上十点赶到玉树的时候，眼前的一切让我目瞪口呆：玉树的大街上狂风阵阵，尘埃弥漫，处处断墙残垣，满目疮痍。警车、救护车、物资运输车川流不息。残墙后、断垣处，只要是避风的地方，就有老人和孩子，或两三人，或五七人掖紧被褥和毛毯，瑟缩着哆嗦着就地过夜。或三五人从废墟中正抬出死亡的亲人，没有哭泣，没有哀怨，眼里只有一种坚毅的火花在喷射！此刻，大自然撼动大地的手也紧紧地扼紧了我的心，扼紧了我灵魂的咽喉。一种心灵上的震撼，一种从未有过的人类的渺小感漫漫袭来。我梦中的玉树，黑骏马踩亮星星的玉树，雄鹰姿态舞飞草原的玉树，白帐篷里情歌袅袅的玉树，江洋才让的玉树啊。

破碎了！

江洋才让应该在哪里啊？

我从早晨到子夜，无数次拨打江洋才让的电话，依然是那串藏族歌曲的无尽的振铃声，总是没人接听！我的心弦一刻比一刻拉得更紧，他是在废墟下奋力地挣扎，还是自己亲手搭建的哪根房梁无情地把他砸伤？或者正顶着我最熟悉的那顶灰色毡帽，在废墟上营救一条条生命？我一遍又一遍地猜想，又一遍又一遍地否定。我沿着飞扬着风沙和尘土的玉树大街，寻求关于他的一点点希望。在体育场、格萨尔广场、赛马场灾民安置点寻求他的半点影子，终究没有消息。我只是在心里默默地祝福：江洋，好兄弟，坚韧些！

第三天，我试着又拨了几次，居然打通了！江洋才让的电话打通了！那种喜悦像花朵一样一下子绽开了，三天以来笼罩着我的黑色情绪烟消云散。他说手机刚刚从废墟下挖了出来。而此刻，我们同门学文的三兄弟中最小的师弟郭建强也在赶赴玉树的路上，他打来电话询问江洋的情况，欣喜地告诉我，省作协成立了十个人的中国作家玉树灾区采访团，我和江洋都是采访团成员，晚上开会分派任务，并且约定了见面时间。

天快黑的时候，江洋终于出现了。

他黝黑。疲惫。无语。他的眼圈里打转着泪水。

在玉树州民族歌舞团满是瓦砾和扬尘的院子里，我们三兄弟紧紧地抱在了一起！

震后的前几天里，最困难的就是吃饭。大街小巷除了坍塌的楼房就是瓦砾和玻璃碎片，找不到一幅完整的画面。缺水、缺电、缺熟菜！三兄弟既然聚到一起了，总得想办法庆祝一下。怎么办？正在左思右想之际，一直在玉树州当代路开饭馆的堂妹打来电话，相约晚餐到她刚刚搭建的救灾帐篷里吃饭，她说：哥啊，你都来了几天了，总得到我的帐篷里坐坐吧？我说：好！一定去，还有两位朋友一块儿去！

傍晚的时候，我们坐在了堂妹的帐篷里，妹夫韩德庆满脸灰尘地从救灾现场赶来了，互致了亲切的问候之后，堂妹端来了早已准备的饭菜，妹夫用不太流利的汉话和建强、江洋聊起玉树的餐饮和玉树的人文景观。听说江洋是本地人，他好像想起了什么似的，定睛看了好一会才说：你检查过我们的饭馆，还罚过我的款！罚了八百元！是你吧？江洋努力地回想着什么，在他的记忆里迅速地搜索着这副面孔。“哈哈，你就是‘东来顺’的老板啊?”顿时一阵大笑。妹夫眯着那双小眼睛抿了一口茶，说那次罚款是因为他们几家餐馆私下里抬高了饭菜的价格，罚款都摊派给了五家餐馆，自己还赚了二百呢……他说：将来重建了，我还要开饭馆，你还来罚款，那时候我们就是好朋友了……

手抓羊肉、三炮台碗子、家常火锅、面片一样样地端上来，我们聚在堂妹的帐篷里，美美地享受着这顿晚餐。是啊！在玉树。在地震废墟上搭建的救灾帐篷里。三兄弟。我们惬意地享受着团聚和幸福，这是一种福分和缘分，这是命运。这顿比任何山珍海味的大餐更有滋味的晚餐，也是我一生中最丰盛最可口最难忘的一顿饭啊!

真主的安排竟是如此的巧妙而又自然不过。

玉树破碎了。

而我们三兄弟却在破碎了的玉树团聚，度过了人生当中最有意义而且最难忘的几天。

祈 祷 词

这是玉树地震后最能灼伤心灵的一天。

这一天早晨刚刚醒来，我就听说在玉树结古镇西北方向叫作白塔的地方，为一千多个遇难者尸体进行火化。据说，火化在藏民族里很有讲究，一般情况下，平民百姓主要以天葬为主，天葬就是经过一系列法事仪式后，把尸体运往山上固定的天葬台，司仪人员分解后一声口哨，成群成群的苍鹰就飞来了……而火化是藏传佛教里有一定地位的大德高僧或者博学活佛的一种送葬形式，火化后取出的舍利永久供奉在寺院里。今天要火化一千多条遇难的普通百姓，这是玉树人为死难者举行的多么隆重而又高贵的送葬啊！

我急急地赶到白塔的时候，桑烟已经升腾，苦难的生命已经在火的纯净里洗礼升华。一面的山坡上都是超度诵经的众僧，法音沉沉、哭声凄凄、山口的经幡与长风同声哀唱，老者转动经轮泪花纵横，女人们默默地抽泣。这个庄严肃穆的氛围里，我被一种力量深深地打动了，其实人类是不可能完全改变大自然的，在大自然面前，人类的生命包括所有的生命是何等的渺小。大自然多像我们乘骑的一匹骏马或者一头雄性的野牛啊，它需要呵护，需要和谐相处，绝不可以肆意地伤害啊！这一刻，我灵感的翅膀好像在感动中展开了，在心中写下这么一首诗：“白塔那地方升腾的桑烟/弥漫在我一生的血管里/那瞬间：一千颗善良的心/一千种虔诚中最虔诚的信仰/一千双期待的目光/一千种愿望/一千行深深浅浅的跋涉的足迹/一千双扎入土地的手啊/在火的纯粹中升华/叫作白塔地方/石头刻满一千种怀念/清风吹动一千段颂词/河流盛开一千朵血色浪花/白塔。美丽的天堂”

这一天，我在山坡下真切地听到了藏族人从心底发出的祈祷声，这个祈祷声从桑烟中袅袅飘向长空，在坍塌的废墟里美丽地诵唱。像天堂的流水声，又像大地上花儿绽开的声音，那么美丽而圣洁。

这一段段祈祷词，使亡者的脸上开出了莲花，活者的心灵平静如水。这一段段祈祷词，使伤痕累累的大地弥漫祥和的气息，使经幡依旧飘扬出康巴人的坚毅和豪情。

而此刻，我总有一种被撕裂的感觉。我很想从撕裂的胸膛里掏出几句最纯净最美丽的话语，很想说给曾把汗水融入了玉树土地的灵魂，很想说给曾把血融入了通天河水的灵魂。

这种撕裂的感觉，令我迎着晚霞独自走上了北边的山冈，决定用我们撒拉族人的祈祷方式，为亡者祈求升华，为活者祈求平安与健康，为瓦砾下给孩子支撑起一片天空的那位母亲，还为慈祥的老奶奶和善良的藏族大姐，虔诚地祈祷一次。

玉树蒙蒙的星空下，我面西而跪，闭目凝神，静静地祈祷：主啊，以你的名义祈求这些灵魂得到升华，不要再让他们的灵魂久久盘旋在玉树的天空，他们已经经历了深重的灾难，给他们最好的归宿吧！无论是谁，在尘世都有过肮脏的污点，都有过私欲和虚伪，就让你的恩泽洗涤这些灵魂吧？洗去扎西为争夺草场愤怒下刺伤索南加的血迹，洗去泉水源头撒下不洁之水的罪恶，洗去夏季草场里达瓦对才让吉的无礼和欺骗的罪恶，洗去虔诚祈祷中那些谎言的罪恶。

主啊，就让你无限的博大情怀容纳这些灵魂，就让你的星座指引他们走向天堂的路，在你长年流淌着蜜汁、酒水和牛奶的三条河边，扎下用花朵织成的帐蓬，搭建鸽群的长廊，以你的方式馈赠永远的幸福！

这时候，我仿佛看见一团燃烧的火球犹如流星，划亮我西侧的天空，耀眼而且夺目，落入结古西北部的群山之间。我顿时感觉到一种宽慰，一种舒畅，一种解脱。

我又一次掌手诵读并祈求：主啊，用我美中最美的语言，纯洁中最纯洁的颂词，向你祈求——让那些经历了苦难的灵魂找到自己的彼岸，让那些忍受了痛苦的灵魂点燃自己的光明，让那些呼唤了真言的灵魂骑上翱翔的白马。

这样的青春，也很美

尼玛松保

这是第三次去托玛村，一个离玉树县下拉秀乡最远的牧业村。

天还是那么蓝，山还是那么高，道路依然曲曲折折，崎岖坎坷，历尽舟车劳顿，终于来到这远如天涯的地方。一路的风景，除了巍峨的高山、宽宽的草地，还有飘散在山脚下黑白交错的牛羊悠闲地觅食外，便是闭塞与寂静。这种静，能听到心跳声。

远远紧裹在山顶的雪执著地不肯退去，已是七月天，

我们到的时候正是黄昏，落日处，炊烟袅袅与浮岚接成一片。山坡上较平整的草地上有五十几间新建的房子，那是震后援建的项目户。我此行的目的地就是这里——托玛村牧民委员会。

今年的玉树，雨水格外多。原本年久失修的村委会办公室，经不起雨水冲刷，一夜间轰然倒塌。随行的南京爱德基金会项目官员和合作伙伴青海省科技馆的张副馆长目睹此情此景，感慨万千。尽快修缮这已倒塌的房屋，新修的房子，取名托玛村科技文化活动室。看到120平方米新的活动场所有了着落，我的心是温暖的，和我心情一样的还有乡里的乡长和村里的书记，他们心存感激。

村活动室的事情敲定下来之后，直奔该村惟一的一所村办小学。

三间教室，两间简陋的教师宿舍。因为没有电，宿舍显得昏暗且潮湿。两个老师正坐在不很明亮的窗前，在一张老式的办

公桌上备课。房子中央，架着一台玉树地区随处可见的藏式两眼炉子，燃烧的牛粪在炉膛散发着热气，炉子上锅里的肉香正弥漫房间。

这是两个二十出头的年轻人，他们分别从青海省师范大学和民族大学毕业。经县教育局安排他们来到这偏远而又贫困的牧区小学任教。在他们来之前，这里没有学校。一至三年级的教室里，有十四五岁的小学生，最大的是十八岁。

两个年轻的教师和我们谈笑近年来的教学生涯，眉宇间丝毫没有落寞与失望。雪山的淳朴，草原的广阔让他们坦然，牧人的孩子也让他们发现一颗颗雪一般的心灵。他们告诉我，还有一个女教师，二十出头，来了不到半年，这次回州上反映学校的事情，争取落实类似希望工程的项目，想在这儿建一所像样的学校。说到新建的学校，他们的眼神亮了起来，可以看出那是一种希望，像山顶刚刚出现的最亮的星星。

两位老师很豪爽地邀请我们同他们一道享受锅里的土豆炖羊肉。临近吃饭时，夜幕已垂了下来。其中的一个老师拿出揣在兜里的口琴，深情地吹起一段曲子，红烛处我的思绪随他的音乐飞向远方。

忽然觉得，比起都市里的灯红酒绿和花前月下，这样的青春，也很美，像山顶正在升起的不染纤尘的月亮。

我们的4·14

扎西旦措

1

格桑拉姆从沉沉的梦里醒来，已是七时过了五分。老人一边责怪自己“真是罪孽深重，罪孽深重呀”，一边穿上藏青的袍子。简单地洗漱以后，在温暖的炉火边拌好最爱的糌粑，就着茶吃了起来。她下意识地望了望窗外，天已大亮。

以往她五时起床，早饭后就到扎西大通，转三十圈白塔，然后坐在经堂的大转筒前推筒念经。清晨的阳光穿过庙堂高高的玻璃窗停在老人的膝上，暖融融的。转经的人们披着阳光陆续从四方赶来，这样时刻的老人氤氲在乐天知命、无所欲求的美妙之中。

唉，可今天。

多少年——除非生病——都不曾这样。

人就是这样，习惯了一种生活，久而久之，觉得那就是全部的意义全部的真实，某天偶然被打乱，那种背离秩序的慌张和恐惧让人无限空虚。

格桑拉姆就陷到这样的空虚里，何况她是一个信佛的人，空虚里的焦虑更是折磨着她：多少年吃斋念佛，积德行善，虔诚的修行难道不足以抵消罪恶，在这样一个平常的日子反常地昏睡？

老人想到这，便出门了。

那一瞬间，那一个瞬间，一股巨响裹挟着天崩地裂的漩涡炸开，格桑拉姆的身体无力地如筛糠一样地晃动起来，灵魂里从没有过这样的疑惑和恐惧。“唵嘛呢叭咪吽，唵嘛呢叭咪吽”老人喃喃着，挣扎着蹲下身子……

这一刻，老人应该转完三十圈白塔，坐在经堂的大转筒前推筒念经，阳光透过庙堂高高的窗子照着老人，同伴们也安详地或者转经，或者坐在白塔根里交换彼此的零嘴。

这一刻，经堂里那些高高在上的椽子，厚重的墙，冰冷的石块，被震碎的玻璃暴风骤雨般朝下扑去。那些一如既往生活着的人们被统统带走了，包裹在大地的伤痕里。

格桑拉姆的梦里有轻轻的哼唱掠过，召唤她留下，留在那一段时间的混沌与纯洁之间——她从不曾企及也不敢奢望的地方。

2

帐篷里热辣辣的，摇曳的佛灯把深邃的黑暗逼到帐篷的四角，外面的阳光到午时更毒了。

桑吉想，如果自己就这样被蒸发掉，那倒是一件十分好的事。那些已渗透到血液和骨髓里的疼痛，这个现在活着的惟一滋味，就应该松开它尖利的爪子，让自己在轻盈的升腾或者在沉沉的坠落里解脱，和父亲和母亲以及仅六个月大的儿子永恒地守在一起。

桑吉无数次想到过死。

死是戛然而止，死并不可怕，最可怕的是在死亡的阴影和喘息里继续活下去。

但她得活着。她是父母惟一的女儿，她活着，就有至亲的人为他们点亮最虔诚的酥油灯，照亮他们黑暗的中阴之路，祈愿他们往生极乐净土。

所以，桑吉坚强地找人铲平了那已变成废墟的家，那曾经承载了她多少幸福欢笑而如今葬送了一切的坟墓。在父母和儿子生前围炉共进早餐的地方搭起了一顶帐篷，在一大块简易的平台上每日地为他们点亮百盏佛灯，直到七七四十九天。

用七七四十九天的时间接受和告别，是多么残酷啊！亲人活着的幻想和死亡的现实交错着没有界限，混淆在一起，在每一个时间的缝隙里噩梦一样撕裂着桑吉。她曾经那么幸福，涨得满满的，就爆了，就坠到无底的深渊。

在这个深渊里，桑吉看见父亲和儿子当场被横梁砸中，母亲在大火里挣扎喊叫，被抬出来的时候，肉烂骨酥，没有人形。烈火嗞嗞的燃烧声和四周传来的哭天抢地的号啕里，被一刀一刀划得鲜血淋漓的桑吉已经没有疼痛的感觉了。

人渺小如蚁，生命的真谛里流着多少人的鲜血和泪水。

帐篷里还是暖烘烘的，外面不只有阳光的毒辣，更有雨水的肆虐，但这一切对桑吉又有什么影响呢？这一切只是无关她惨烈现实的一点小小的细枝末节，她只想一个人静静地在佛灯的光辉里沉溺，与世隔绝，与他们短暂地守在一起。

3

又一辆蓝色的康明斯风尘仆仆地驶来，运来一车帐篷，高高的。他们很快地开始卸车了。已经记不清这是卸的第几车了，当淡淡的倦意要弥漫的时候，尼玛就狠狠抽一口烟——他是震后孤儿院的一名志愿者。

这些帐篷就是现在的家，人们全部的依靠了。尼玛知道，那些随时可能横行的狂风暴雨会被这些蓝色的帐篷全力地抵挡在外面。一家老小挤在里头，忘了活着的艰难。还有许多没来领帐篷的人，尼玛想象着他们在昨夜寒冷里的战栗。他们多半是家里出事儿的，顾不上领了。

废墟里开着蓝色的花，飘散着哀伤的气息。生命无常。

帐篷被源源不断地运来，花朵渐次绽放在破败的废墟上。

有人倦了，对尼玛说："我当初应该被砸伤，这样就可以在医院里舒舒服服地躺着了。"

尼玛有些愤怒："正是出力的时候，怎能有这种颓丧的想法。"

后来同伴请假了，除了吃饭，就没日没夜地躺在帐篷里宽大的床上读小说。

但现实的生活是残酷的。到处是大型机械在拆除房屋，像一只巨鸟啃噬着狰狞的伤口，伴着刺耳的轰鸣声，伴着漫天飞扬的黄尘。那些盘踞在半空里的尘土，最终落到地上，行人的肩上、头发上、毛孔里。目睹着这样的破败，对生活在这种环境之下的人来说，是一种身心上的摧残，但所有的人都得隐忍着。

不仅隐忍着，还要积极地去面对它，尼玛这样想着。所以当一辆又一辆的车长途跋涉把各种各样灾区急需的物资运来时，心底最真诚的感恩让他无语凝噎，浑身的热情也盖过日积月累的疲惫。那些物资，那些凝结着天下所有好心人深情厚谊的礼物，被他和同伴们如数归仓，而后及时发放到自己所负责的片区居民手里，风雨无阻。这种积极的状态反而使他进入另外一种境界，让他从枯燥绝望的生活里升华出来，获得内心极大的满足。

那些蓝色的帐篷里，现在塞满了吃的用的，那些悬着的心变踏实了。帐篷之外的风风雨雨，也不会再轻易惊扰人们的梦境。

在破晓之前，在阳光灼热明艳的感觉还没有彻底地被记起之前，尼玛知道，短暂的彷徨算不了什么！

在又一个充满希望的清晨，尼玛匆匆的步子热情地亲吻着大地……

诗歌

玉树，盼你重新开花

黄亚洲

一个美丽的地方
一个美丽的海拔
这日日夜夜的，竟然
如此叫人牵挂
这不是又一年的春风开始撼动树杈
这不是山坡上的格桑在猛烈开花
这不是牛群与羊群的浪漫奔跑
这不是篝火和歌声的热烈表达
玉树啊，我开始流泪，
我一遍一遍在电视屏幕上，
抚摸你一地碎瓦
我不能不想起我在汶川的辛酸采访
那也是一个春天，二〇〇八！
我的藏族同胞，我亲爱的
兄弟姐妹，我亲爱的喇嘛
我看见，今夜，
你们终于睡上了军用帐篷
士兵们运来了国家！
我看见了双手沤烂的老师
我看见了与死神赛跑的担架

我看见了紧攥书包的昏迷小姑娘
我看见了永不落泪的藏族老阿妈
这些天，玉树的根根须须
一直，在我心底深扎
然而我相信，春天终究是春天
既然是玉树，必能重新开花！
我在东海之滨写下这首小诗
我的志愿者朋友，已经出发
玉树啊，一盏祝福的风铃我已托人挂给你
风吹动的时候，请你，摇一摇枝杈

飞刀与祥云

李松涛

地震，导致一个形容词现身：
残忍！
地震，同时推出了一个名词：
降临！
——空降。空投。空运。
危难之际，人们认识了空军！
最重的使命有最重的信任，
最高的位置有最高的标准。
十万火急的长空飞奔，
救灾，惊天地，泣鬼神。
最险的征程有最大的决心，
最累的任务有最多的忠贞。
与甘露一起投下的食物，
绕过厨房直吻灾民的双唇……
与慈爱一起降下的药品，
让患儿重获了脉跳和体温……
与关怀一起运来的被褥，
帐篷中裹紧雨夜的温馨……
奉献，被军徽表述得朴实无华，

又被双翅演绎得五彩缤纷。
血汗浇铸的业绩，交给了祖国，
山高水长的情感，交给了人民。
最大的胜利传最快的捷报，
最终的凯旋酿最久的欢欣。
在战场，是祖国手中的一把飞刀，
在灾区，是人民心上的一朵祥云。

在玉树，我看见什加救援队

王久辛

在玉树，我看见什邡救援队
像我在汶川看见唐山兄弟救援队
完全一样的拼命挖掘
一样的大无畏钻进余震中
坍塌的房屋用肩扛用钎撬
用手指头抠抠出了血
一滴一滴像鲜红的花
像赤艳的歌像我血液里
涌流的金灿灿的记忆
——感恩我赤贫的父母
永志难忘人民军队的大德
像西藏的同胞终生铭记着
——彻底结束他们
任人宰割的苦难岁月的共和国
在玉树，我看见了什邡救援队
像看见了大写的感恩
血肉俱足的感恩在挖掘
在坍塌的楼板下冲锋
那是感恩的激情
在书写人的光辉

那是人的光辉因了人
刻骨铭心的深恩
而回报恩人回报人类的精神
在忘我拼命的救援中
获得的光芒万丈的升华
那才是人
是人就有人性的自觉
像我们每一个人感激盐
不忘大地捧出的粮食
不忘太阳的光辉云海的雨露
不忘月光赐予我们的深情
什邡感激“5·12”之后
那八方四海驰援的炎黄子孙
像汶川北川青川
感激亿万人民的泪水
感激立刻调动千军万马的领袖
感激媒体感激那位
九岁的残疾乞丐捐出的
那一捧不足百元的镍币……
在玉树，我看见了什邡救援队
像久违的亲人重回我的怀抱
我们什么时候忘记过感恩呢
什么时候忘记过爹忘记过娘
忘记过手足兄弟血亲姐妹
忘记过老师忘记过衣食天地呢
什么时候因一己私欲
而丢弃了中华民族

五千年的美德呢
什邡救援队来了像汶川的先祖
我们的大禹来了像带领我们
翻身的毛泽东来了像和我们一起
改革开放的邓小平来了
来了都来了人性的自觉
来了滴水之恩当涌泉相报
来了人心来了
力量来了
大写的从精神到血肉
真正站起来富起来
挺起来的中国人
——来了！
哦，在玉树
我看见什邡的救援队——
来了……

为玉树灾区祈祷

陈崎嵘

惊闻震情国人悲，
忧心恨不插翅飞。
三江源头地缝裂，
玉树村寨废墟堆。
神州合力齐救援，
藏汉一家共安危。
灾区景象入梦境，
夜半披衣望西北。

2010年4月15日凌晨5时作于长征采风地赤水

玉树参天赋

李东东

青海有玉树，飞来白云边。巍巍名山宗，浩浩江河源。四野葱茏处，风吹草低，牦牛之地；五色斑斓时，雪映花繁，歌舞蹁跹。唐蕃古道，遐时文成金城西去，汉藏执手，羌笛悠远；康巴新域，迩来粉壁朱墙东向，百代相谐，科学发展。

时维庚寅，序属季春，三江之源，风云丕变。地动山摇，青

天白日蒙尘；房倒屋塌，千家万户罹难。居庙堂之高忧其民，大势煌煌，运筹帷幄，军令如山。处江湖之远忧其君，铁骑莽莽，决胜千里，救民倒悬。旌旗指处，三军用命，时不过旬，兵发逾万。攀峰不畏高，涉险不畏难，千里赴戎机，关山度若飞，众志弥坚。

登高一呼，山鸣谷应，十亿神州，八方驰援。地无分南北东西，人无分少壮苍颜，同声相应，同气相求，辅车相依，共赴国难。人饥若己饥，人溺若己溺，济袍泽不惜倾囊，拯羸弱何惧艰险。高岸为谷，深谷为陵，江山不可复识；永不抛弃，永不放弃，生死不离家园。壮举震古烁今，大义动地感天。最喜废墟书声朗，光照华夏青史五千年。

黄钟大吕，盛世长歌。春去千魂归兮，秋来万姓平安。壁立千仞，玉树临风；海纳百川，三江溯源。神州有界，大爱无边；青海动地，玉树参天。更历春秋五度，再看风起云涌处，新校园，新家园。

哭玉树

彭学明

在中国的西边
有一棵玉树
海拔四千米的身躯
是云天的模样
和高度
三江源的流水
是她温情柔软的绸缎

巴颜喀拉山的雪峰
是她质朴高贵的头颅
可可西里的羊群
摇着一声一声的藏羚
唐蕃古道的路上
站着绝色的
文成公主

玉树临风
玉树临风
临风的玉树
有数不清的

人情和风土

甲骨文一样的嘛呢石
青稞酒一样的锅庄舞
唐三彩一样的经幡
青铜器一样的藏鼓
更有那远古的法轮
转动着
比花儿还美的祝福

可就这么一个早晨啊
铁一样的玉树
就被撕裂了
可就这么一个瞬间啊
铁一样的玉树
就受伤了
汶川尚未愈合的伤口
又染红了中国最纯洁的源头
我哭啊
哭我多灾多难的国家
我哭啊
哭我满目疮痍的玉树
哭那些永远闭上的每一双眼睛
哭那些再也接不上的每一块骨头
哭玉树上飘落的每一片叶子
哭大地上缺胳断腿的偏旁部首

一滴水
哭成一条河
一滴泪
哭成一腔血
一滴墨
哭成一片愁
我多灾多难的祖国啊
什么时候
才不会冰灾雪灾洪灾旱灾
什么时候
才不会地震海啸沙尘暴泥石流
我们要怎样地爱你啊祖国

祖国的大地
怎样才不会做这样的胃镜和胸透

我知道
我的泪水软弱无力
可我的泪水会与全民族的泪水走到一起
水滴石穿的力量
摧枯拉朽的铁蹄
一定会把一切灾难踏破　捻碎
我们的玉树
会从泪光中抬起头来
挺着胸膛
擦干血迹
长出新的枝叶
开出新的花朵
结出新的果实
披满新的绿意
那时的玉树
别样的美丽

废墟上的植物

张庆和

地震袭来
一片废墟
阳光暖风春雨来了
废墟上 一种
叫精神的植物便生长起来
枝繁叶茂

说它像树
却比树高大
顶天立地
说它像花
却比花鲜艳
四季常开
说它像庄稼
比庄稼更亲近
五谷丰登
这植物
是磨破手指栽下的
是辛劳的肩膀扛来的
是涌流的泪水滋润的
是跳动的爱心锤炼的
所以　它就取名为坚强

抗震藏头诗二首

韩小蕙

1

一声霹雳祸塌天，
方圆百里滚尘烟。
有心腾身青云里，
难逃劫噩泪潸然。
全心全力倾情救，
国家民众总动员。
支撑乾坤十三亿，
援手亲人爱无边。

2

玉陨香消旧家园，
树摇山倒不复前。
临头灭顶伤心地，
风萧萧兮早春寒。
再唤壮志重振起，
造建天堂在人间。
河湖江海齐助力，
山披锦绣换新颜！

如果你愿意

刘福君

孩子，我从电视上
看到你小鸟一样的身影
便喜欢上了你
你不但是藏族人民的后代
也是我们的儿子
未来的天空
有你故乡的云
也有我故乡的云
未来的大地
有你故乡的根
也有我故乡的根
十岁的你
一下子让天空很低
你清脆的声音
甜透了春天花蕾
你的歌声和泪水
湿透了人们的心灵
孩子，咱不哭
中国人的骨子里
善良如水坚强如钢

在每一次灾难面前
我们都挺起不屈的脊梁
听，在你每一句的康巴方言里
都涌动着高原上的真诚
升腾起高原上的希望
虽然寒风抽走了温暖
可黑暗是光明之源
明天，我们的明天
一定会春暖花开
孩子，你的眼睛已说出
爱将永远伴随你成长
“新校园，会有的！
新家园，会有的！”
胡爷爷的这句话
是种在春天里的誓言
哦，孩子
如果你愿意
就叫我一声爸爸吧
我以一位父亲的名义
愿为你今后的成长承担

愿高原的生命永葆尊严

丘树宏

这是一个平平常常的春天，
一样是蓝蓝的天空悠悠的白云；
这是一个平平常常的早晨，
到处是早起的人们早牧的牛群。
突然间，一阵天摇地裂，
震撼了巍巍唐古拉茫茫大昆仑；
突然间，一时天昏地暗，
掩盖了长江黄河澜沧江的清源。
一座座房子倒塌了，
一座座那么美丽的民房寺院啊，
只剩下一条条杂乱飘零的经幡；
一个个生命消失了，
一个个那么倔强的康巴汉子啊，
不见了纯净的眼神豪爽的笑脸。

灾难面前，生命第一!
高原的兄弟姐妹啊，
你们的灾难，
就是我们的灾难!
你们的生命，

就是我们的生命!
从东到西，从北到南，
全国的男女老少，
都是一种关爱焦灼的眼神；
上上下下、内内外外，
全球的华侨华人，
都是一片悲伤痛苦的心情。
玉树，玉树啊，
我们牵肠挂肚的亲人，
我们魂牵梦萦的高原!

来了，我们来了，
玉树的父老乡亲!
让我们一起共赴灾难，
古老的格萨尔王史诗，
为我们撑起一片蓝蓝的天!

让我们一起共建家园，
美丽温存的文成公主，
为我们指引着前行的路程。
让我们手拉着手，
筑起生命的昆仑黄山，
愿远逝的生命，
像昆仑黄山一样巍峨尊严；
让我们肩并着肩，
拉起生命的长江黄河，
愿活着的生命，

像长江黄河一样绵长繁衍；
让我们心连着心，
连起生命的万里长城啊，
愿所有的生命，
像万里长城一样坚强永恒！

格桑花

周振华

想不到是这样的方式
让我相识玉树
走近“格桑花”
知道了那个叫才仁的孩子
于是我的眼睛
从那天起就开始模糊
不管是听到的
还是看到的
心总是紧紧的
我没去过玉树
也未见过“格桑花”
更不了解那位藏族少年
是那里瞬间的山崩地裂
让我看到了他们
并深深地记住了他们
以及顷刻于雪域高原的
让人揪心的一幕
我的那点“意思”捎去了
说实在的，不多
但是我的心意和肺腑

这些天来
玉树、格桑花、才仁旦舟
将华夏儿女
及全世界所有的爱
转换成铿锵与坚强
玉树告诉我
绝不会倒
“格桑花”告诉我
永不会凋
才仁旦舟告诉我
他已经长大了
他的阿妈对他说：
男子汉要早点顶天立地！
由此我强烈感受到
那片希冀开始新一轮的升腾
格桑花依然绽放
那一簇簇美丽的花朵
将摇曳出更美的青海

生命阳光

李 江

在春天一个宁静的早晨
玉树大地传来雷霆轰响
土牛翻身搅动世界屋脊
撞击着炎黄子孙的心房
废墟里的你发出声声呼唤
废墟外的我渴望看见你的脸庞

神圣而纯粹的生命礼赞
激荡在华夏儿女的胸膛
一声呐喊迸发出来
我们绝不放弃绝不彷徨
亿万人的呐喊汇聚成最强音
传遍五湖四海，在世界激起回响
让高山低头，在天空架桥
救死扶伤的活菩萨奔赴疆场
扒开一片片断壁残垣
送去一缕缕生命阳光
生命阳光抚平创伤
生命阳光大爱无疆
各族人民描绘蓝图
把新玉树建成高原天堂

温暖

峭岩

四月，青海，玉树
还春乍寒，突发的地震惊碎梦魇
50秒之前，幸福如常
50秒之后，阴阳两界
孩子在残壁下呼唤母亲
最先听到的是高原风
是风传达到胡总书记的耳畔
若不然，他为什么出访途中返航
他的心啊，已抚摸到战栗的山峦
我又看到了温总理
他满怀焦虑，万分惦念
连夜赶赴玉树，赶赴心之所疼
托住康巴人的眼泪……
在瓦砾堆上
我们又看到了胡总书记的身影
我们又听到了他富于磁性的话语
深情化作温暖的河流
挚爱化作质朴的诗句：
新校园，会有的

新家园，会有的
一字一句是承诺
一字一句是誓言
在帐篷里
我们又看到了温总理的慈祥
他的手紧紧握住藏族阿妈的手
只要有一线希望，
我们会尽百分之百的努力
来自中南海的温暖啊
照亮高原的格桑花
照亮玉树的四月天
温暖可以创造奇迹
温暖可以重塑河山

有海拔四千米的高度
有海拔四千米的救援
有海拔四千米的集结
就有海拔四千米的血战
大爱，来自长江尾
亲情，来自傣家寨
英雄，再显神奇手
军旗，猎猎扫阴霾
玉树啊，我对你说
青山不会老去
生活永放光彩
因为啊，有党在心中
因为啊，温——暖——常——在

新生与希望

张春燕

也许是我第一声啼哭
震颤了世界
在大地心灵的悲哭中
我微笑着诞生
诞生在本该属于花季的四月古镇
诞生在灾难与我同临的雪域高原
这一刻的生与死啊
在我无知的啼哭与眨眼间完成
我怎知阳光下的家乡已成为废墟
亲人　在生死挣扎中
给我留下血的深情和心的祝福
我未曾谋面的家园啊
山崩地裂的轰鸣中
我以为这就是传说中的盘古开天
我以为新的生活如同　我的
新生命一样开始了
我的同胞一个又一个争先恐后
降临人间
我们一排排在五颜六色的棉被里
在汉族阿姨柔情似水的臂弯里　以及

温暖如春的怀抱里
恬静得想哭就哭　想笑就笑
我知道
家就是温暖
家就是怀抱
家就是无数个妈妈的甘甜乳汁
我知道
废墟中　我是珍贵的希望
我是鲜活的春色
我是玉树不屈的后代
我是祖国宏伟的明天

战士的手

刘业勇

这是震区一名战士的手
如干涸的田　古老的树
布满褶皱　刻着质朴
高原的风已抽干了它的水分
水泥砖块啃出一个个伤口
但它依然坚强不屈——
带着血迹也要攥成一个拳头
这手十几年前也曾软绵绵肉乎乎
连着母亲的心　连着父亲的肉
曾被修剪得修长　涂着冷霜
花前月下搂着恋人的温柔
在键盘上忘情地敲打着QQ
它操枪弄炮　整理内务
面向祖国把誓言举过头
今天，它成为抗震的一把工具
如同吊车的一个抓斗
在废墟上为亲人刨出一条血路
把一个个生命托举着救出
这是一只有表情的手啊——
上面写着永远的平凡和付出

祖国的玉树

舒 洁

玉树，三江之源美丽的花朵
此刻，在这样一个日子
你依然开放在多情的土地
是的，祖国的玉树
我们在相同的时刻默默垂首
并为你泪落

祖国的玉树，此刻你醒着
我们也醒着，悲痛醒着！这一天啊
必将以不屈和信仰铸就一个民族的记忆
有血的殷红，有心的祈祷，有爱的清澈

然后，我们会抬起头来
向充满尊严与悲伤的青藏高原凝望
祖国的玉树，你的另一种象征
就是一个被从瓦砾中救出的孩子
是她感恩的诉说
让我们认识了自然灾难的重量
她活着！玉树，她真的代表你的未来
她会铭记最珍贵的嘱托

——来自我们的祖国

此刻，祖国的玉树
我们以静默缅怀的方式
送别罹难者，他们都是我们的亲人
在祖国母亲最柔软的部分
将永远镌刻他们的名字
今日，华夏大地以最静穆的礼仪送他们远走
昨夜，我们多么怀念青藏高原上安宁的月色

祖国的玉树，你要相信
你不孤单，你的周围是十三亿颗心灵搏动
所汇聚的光辉，温暖你，呼唤你
这是你的支撑，美丽的玉树
九百六十万平方公里深厚的土地
是你永恒的依托

没有什么能击垮我们的信仰
那是无价的精神，玉树，你要相信
这一天，母亲的哀思飞翔十万里
依然静谧，依然会轻柔地飞向你
玉树，那是祖国对你轻轻的抚摸
那也是我们最值得珍重的词语
散发持久的光泽

玉树，为了失去的孩子们
我们都在忍受心痛

这一天，我们真的不愿形容泪水的颜色
我们更愿意用自己的手臂
牵住另一只手臂，在这个春天
连接起无数手臂，拥抱你
玉树，你要感受激励
即使在高原寒冷的夜晚
你也要看到心灵的闪烁

此刻，我们的祖国醒着
玉树，你看远方，那些醒着的灯火
那是我们共同的心
在陪伴你，你看近旁
那么多拯救生命的人们

他们，正在向这个世界传导出一种声音
拯救！绝不放弃，他们用目光说——
玉树，祖国美丽的花朵
绝对不会这样凋落

玉树，是的
我不会怀疑，你将挺立
你将以树的形象重新让我们
看到你的美丽与苍翠
你将重生，如凤凰涅槃
这当然是我们最美的心愿
今天，就在今天，玉树
你听，在祖国的大地上
那不断萦回的旋律，就如大河
就如大爱永存，就如我们深切的祝福
玉树，就如你，我们春天的伤痛
雪莲一样神圣的花朵

来自玉树的消息

才让多杰

玉树地震的时刻
我看见了党中央的焦虑
党中央的关切
风驰电掣的救援
公仆身影在废墟中奔波不歇
敬礼，亲爱的镰刀斧头
敬礼，撼不动的昆仑山脉
命悬一线的时刻
我感受着子弟兵的勇敢
子弟兵的急切
舍生忘死的拯救
鲜红五星在泪眼中美丽定格
敬礼，亲爱的金珠玛米
敬礼，保护人民的救命使者
天灾人祸的时刻
我触摸到真善美的能量
真善美的殷切
血浓于水的扶助
人性光芒在危难中耀眼放射
敬礼，博大的人类仁慈

敬礼，真善美的爱心炽烈
学校倒塌的时刻
我感受着大靠山的力量
大靠山的热切　无微不至的关怀
庄严国旗在残垣上鲜亮增色
敬礼，亲爱的帐篷学校
敬礼，问不烦的迷彩志愿者
黑夜降临的时刻
我体会了热心肠的温暖
热心肠的恳切　雪中送炭的真诚
八方援助在灾难时源源不绝
敬礼，敬爱的祖国大家庭
敬礼，大光明的祥光照射

凝望玉树（外一首）

黄群明

清晨，我站在高高的山冈
忧虑地把你凝望
凝望你那受伤的面容
凝望你那劫后的苍凉
午后，我站在高高的山冈
急切地把你凝望
凝望你那不屈的身影
凝望你那惊人的坚强
黄昏，我站在高高的山冈
深情地把你凝望
凝望你重新站起的英姿
凝望你激情演奏的交响
凝望　凝望
我在牵挂中凝望
我在期望中凝望
让凝望激荡爱心
让凝望化成力量
让凝望传递祝福
让凝望点燃希望

透过朦胧的泪眼
我又一次看见中国力量
看见滚滚的车队人流
在高原演绎出大爱无疆
看见那一双双温暖的大手
托起你玉树临风的模样
看见多民族兄弟姐妹簇拥着你
一同跳起生命的锅庄
看见你身披祥云的美丽倩影
正无比坚定地走向天边的朝阳

中国力量

在世界东方龙的故乡
有一种力量光芒万丈
历经磨难显神威
天地之间著华章
这力量叫坚强
灾难面前不低头
愈挫愈勇坚如钢
这力量叫爱心
一方有难众伸手
八方支援势力壮
这力量叫团结
五星红旗皆一心
军警官民斗志昂
这力量叫勇气
山崩地裂无所惧
天塌不弯铁脊梁
这力量叫坚持
不懈怠不气馁
不抛弃不放弃
信念之灯亮心底
众志成城创奇迹
这力量叫睿智
不悲切不认输

不盲动不轻敌
敢将灾难当课堂
损失速化补天石
这力量是黄河长江
不屈不挠东流去
浩浩荡荡千万里
这力量是泰山昆仑
栉风沐雨立天地
昂首万年志不移
这就是中国力量啊
五十六个民族五十六根巨柱
十三亿颗红心十三亿块基石
支撑起共和国大厦
于世界东方熠熠生辉

报告文学

索南的高原

李春雷

这是地震后在高原上进行的第一例外科手术！4月17日14时18分，索南出生了，婴儿的哭声高亢洪亮，弥漫了整个青藏高原……

索南是谁？

她是一个婴儿。不！她是一个胎儿。我们的故事开始的时候，她还蜷缩在阿妈肚子里呢。

她每天的工作很单纯，就是睡觉、打哈欠、伸懒腰、闭着眼做冥思状。阿爸、阿妈、大草原、酥油灯，还有芳香的佛经……外面的世界喧嚣却又丰饶，都在呼唤着她。

突然，她感到一阵剧烈的颠簸和疼痛，痛得哭不出声来，憋得喘不过气来。阿妈，阿妈，这是怎么了？

青果，是青藏高原上一个小村的名字。

她位于玉树藏族自治州首府——结古镇的南部草原上，村里是稀稀落落的土房，村外是高高低低的山峰，山腰间是灰灰白白的雪痕，那是冬天的记忆。一条小河喧响着从村头流过，那是牧民们的笑声和哭声。春天呢，像一位娇弱的女子，正羞羞怯怯地沿着河边的碎石小路翩翩而来……

天蒙蒙亮，32岁的才仁求吉挺着硕大的肚子，起床了。丈夫去玉树打工，她要做一锅酥油茶和几个藏粑。猛然一阵眩晕，房子塌了，眼前黑雾腾腾，什么也看不见，鼻子里充满了浓烈的土腥味，隐隐约约地听到外面凄惨的呼喊声。她的身体被坍塌的房屋压住了，动弹不得。

她害怕极了，嘴里不住地喃喃着“菩萨保佑，菩萨保佑！”就昏过去了……

时间凝滞在2010年4月14日7时49分。“结古”的藏语含义是“货物集散地”。

这里是长江上游第一个人口密集区，也是青海西宁、四川康定和西藏拉萨三地之间的交通、军事和贸易重镇。汉唐以来，每年要从川西雅州发送数万驮茶叶到这里，然后一半再运往拉萨，另一半销往附近藏族聚居区。除了茶叶，还有内地的丝绸、陶瓷……高原的历史和文化由此而发酵而丰腴了。

这里的使者就是冬虫夏草了，那神秘的东西实在是高原的灵物。

这些年，市场愈加丰富，外地的西服、电视、电脑、手机、MP4纷至沓来，此地的藏药材、奶产品、肉制品和银制器皿也都成了内地市场的畅销货。镇上高楼林立，车水马龙，参参差差已是十万人家。前些年，与西宁之间新修了一条214国道；去年，玉树机场也通航了。

而现在，一切贸易戛然而止。往这里狂奔的是帐篷、方便面和矿泉水……

甘孜离玉树800公里，才仁求吉的娘家就在那里。她上过多年的藏文学校，少女的情思，也曾经青青葱葱。后来呢，柔软的水碰上了坚硬的山，无奈地退缩了。唉，她悄悄地埋葬了自己的梦想。那几年，她的心总是迷迷惘惘的，像山间的雾岚。

八年前的夏天，一个四处游唱的藏族民间歌舞团来到了村里，吉他手叫索南杰，是青海玉树人，和阿爸交上了朋友，就住进了自己家里。每天晚上，屋后的山坡上，索南杰的吉他，弹得月光颤颤，花香袅袅，把她冰结的心也弹拨得春水沥沥。

阿爸是一个爽快人，竟然答应了他们的婚事。

索南家族里有十五口人，阿爸、阿妈和四个兄弟姐妹，都住在一起。

属于他们小夫妻的，只有两间土坯房。还有十六只绵羊、五只牦牛和几百亩草场。

在阿公阿婆的传授下，她学会了独自饲养牦牛、绵羊，学会了挤奶、做酸奶和酥油茶，还学会了种青稞、油菜……

黑黑白白的日子，如同清清浊浊的河水，静静地流淌着……

16日凌晨3时，才仁求吉被武警救援队从废墟中扒了出来，抬到了兰州军区野战医院的营地。

公公婆婆都受了重伤，被送往西宁，家里的牦牛和绵羊们死伤各半。庆幸的是，丈夫只是轻伤。

她惊恐地睁开眼，几个穿绿军装的人，正在微笑地注视着她，像在梦里。

“别动!”朱自清赶紧按住她的肩膀。

朱自清是兰州军区医院政委，也是这家野战医院的总领队。前天，他正准备着向军区首长请假，远在陕西乡下的父亲病危，他是长子，要回家尽孝。可地震来了，上级命令：火速组建野战医院，开赴前线！这个时候，还能说什么呢？当天下午，他率领18台车100多名医护人员就出发了，日夜兼程31个小时，赶到这里。爹，儿子不孝，对不住您了！路上，他一遍一遍地念叨着。当然，这只是他自己心底的疼痛，没有人知道，包括身边的王芳医生。

36岁的王芳是野战医院惟一的妇产科医生，毕业于第一军医大学，是一位在读博士。

虽然是医学博士，但面对眼前的特殊情况，她有些束手无策了。

孕妇腹部受创，造成内部出血，致使胎盘早剥、羊水污染、胎心微弱。

语言不通，两个人比比划划，像是说哑语。王芳急得满头冒汗，好不容易才搞清楚，胎儿的预产期还有一个多月。

尽最大可能保胎！注射急救药品——地塞米松。该药可促进胎儿心肺功能成熟。

但是，这个时候，问题出现了：预防子宫出血的必备药——催产素告罄！

这是一种妇产科专用药，玉树当地医院全部倒塌，无以寻找；相邻卫生机构携带的又都是救治地震创伤的药品。

不仅药品难寻，而且通讯瘫痪。情况紧急！怎么办？“要不惜一切代价救人！”朱自清命令。

他亲自启用国际海事卫星电话，与最近的800公里之外的西宁方面联系。拨打了数十家，终于确定由青海医药供应处供货。可西宁到玉树的车程最少要16个小时，又紧急联系航空部门……

玉树全境平均海拔4000米以上，其中超过5000米的山峰就有900多座。

茫茫的高原，每年几乎有一半时间与冰雪相拥，直到五月份，才会泛起一层朦朦胧胧的青绿。花开的时候，要到六月了，草原才像天真烂漫的小姑娘一样，开开心心地欢笑起来。所以，七八月份的青藏高原是最美的季节，像一个风姿绰约、魅力四射的少女。刚刚跨入九月的门槛，纷纷乱乱的一场大雪，便早早地给这片土地裹上了一层厚厚的藏袍，一直穿到来年的清明。不过，雪白的高原，又像一个圣洁的孕妇，虽然安静无言，却是充满了希望和期待。

才仁求吉每天的生活就是在家里侍候老人，等待丈夫，饲养牲畜。

家里有一台电视机，原来信号微弱，常常满屏雪花。去年，政府给每家每户赠送了一套卫星天线，可以接收五十多个频道了。她听不懂，看着里面的人笑，也跟着笑。北京、上海、广州和西宁，那些遥远的繁华，像神话一样……

平时的主食是藏粑，把青稞晒干、炒熟，磨成面，加酥油、水和曲拉，捏成团团……

夏天里，她常常做酸奶。将牛奶煮沸，倒进容器内，加入少量酸牛奶作发酵剂，使乳酸菌大量繁殖。随着乳酸的增加，牛奶中的酪蛋白开始沉淀，凝结成嫩豆腐状。

丈夫最爱喝她做的酥油茶了。酥油是她亲手从牛奶中提炼出来的，先将奶汁加热，倒入一个大木桶里，用力上下抽打，来回数百次，油水分离，上面便浮起一层鲜黄色的脂肪质，舀起来，灌进皮口袋，冷却之后便是成品。制作酥油茶时，要先将茶叶或砖茶用水煮成浓汁，倒入茶桶，再放入酥油和食盐，搅得油茶交融，然后倒进锅里加热……

家里那一把吉他，是他们爱情的信物。冬天的夜晚，每每一碗酥油茶后，索南杰就抱起吉他，开始弹唱……

你有一个花的名字/美丽姑娘才仁求吉/你有一个花的笑容/啊，美丽姑娘才仁求吉/你像一只自由的小鸟/歌唱在那草原上/你像春天飞舞的彩蝶/闪烁在那花丛中/啊，才仁求吉/……

这时候，她就闭上了眼睛，感觉四周开满了鲜花，而自己变成了一只小鸟，一只彩蝶，飞了起来，飞了起来……

三个小时后，“催产素”飞来了。注射之后，王芳和小儿科副主任戴永利一起，会同泌尿外科、普外科医生，每小时做一次检测，密切监视病情……

此时，救援工作已经全面展开，大量的伤员纷纷拥来。

伴随着伤员拥来的，还有汹涌的高原反应。大部分医护人员是第一次上高原，头痛脑涨，胸闷气喘，严重者出现了脑水肿、肺水肿。

反应最强烈的是朱自清。五十多岁的年纪，三天没有睡觉了，高烧40.1度，满嘴血痂，形容枯槁，不得不依靠输液、吸氧支撑。

大家认为他仅仅是高原反应，缺乏休息，却不知道他内心的煎熬。弟弟在电话里哭诉：父亲已经到了最后时刻，昏迷中还在喃喃着他的名字，家里人正在准备棺材和寿衣。

他的家乡在咸阳附近的兴平县朱曹村，那里紧挨着汉武帝的陵墓。小时候，父亲常常带着自己去那里，在夕阳残照中绘声绘色地讲述着卫青、霍去病和飞将军李广的故事。可自从1974年入伍后，自己就很少回家了。

他永远记得，当兵出发时的那一个秋天的早晨，自己戴着红花，骑在马背上，父亲哈哈大笑着，牵着马，大步流星地走在前面，步行三四公里，一直把自己送到公社大院里。

后来，自己在部队里提干、升级、结婚、分房，有了一个温暖的小家庭，条件也好一些了，一直邀请父亲到城市里住几天，享享福。可父亲总是推托，担心给自己找麻烦，造成不好的影响，直到现在也没有来过一次。

自己还是年轻无知啊，总感觉来日方长，还有机会，可今天……

哦，父亲，他的心在滴血，在哭泣……

结婚后，丈夫便不再出去游唱了，只在附近打工，垒石头，盖房子。

此地牧民多是土房，墙壁是土坯，顶上加木料或水泥板，蒙上塑料布，再覆一层厚厚的黄土。天寒冰冻，每年只能干五个月，也能挣四五千元。

收入不多，却很平安，她也很知足。

家里有一尊佛龛，佛龛前是一盏常年不熄的酥油灯。酥油是由纯植物食用油脂制成的，燃烧时散发出淡淡的奶油香味。

每天，她都要磕头，祈祷，祈祷全家吉祥，祈祷丈夫健壮，祈祷自己早早生子……

她也常常步行到八公里之外的新寨村，那里有一个世界上最大的嘛呢堆。那是一座由石块和石板垒成的祭坛，东西长240米，南北宽74米，高3米，据说已有20多亿块嘛呢石，上面的刻字近200亿，大都是阻止秽恶、禳除灾难、祈祷祥和的经文。

每年七月，结古镇都要举办一次盛大的赛马会。绿草为毯，蓝天为帐，骄阳为灯，整个草原沉浸在铺天盖地的欢乐之中。男人们穿着藏服，跳起了锅庄舞，歌声和笑声像山鹰一样和云彩比翼而飞。

这是索南杰的节日，操起吉他，放开嗓子，边舞边唱，汗流浃背，吸引着姑娘们流光溢彩的眼神。

她在一旁安详地听着、看着、笑着……

17日上午，孕妇病情出现异常：

胎盘剥离面积增大，胎心继续减缓，腹痛加重，流血量剧增。如不及时手术，胎儿将会因缺氧窒息而死。

“马上送西宁，或兰州！”朱自清命令。救护车火速开往玉树巴塘机场。

可是，机场太小，伤员太多，而且孕妇病情急剧恶化，疼痛难忍，飞机起降的剧烈颠簸，极易造成母子双亡……

目前的最佳方案——就地立即进行剖腹产手术！可是，现场手术条件根本不具备。全城水电系统瘫痪，医院全部倒塌。但是，别无选择！

唐代之前，藏族以麦熟为新年。后来，中原文化逐渐传入，其中包括历算。到公元九世纪初期，藏族天文学家重新创制了历法，这样，藏汉两个最隆重的节日便常常相遇在同一个月中，甚至是同一天。

藏历年的仪式是很讲究的。从十二月十五日开始，家家搞卫生，祭灶神。二十九日这一天，女人洗头发，男人剪头发。二十九日晚上，家家“驱”鬼。

索南家里有十五口人，每年的“驱鬼”仪式都搞得有声有色。

阿婆照例要准备一顿特殊的晚餐，含有九种食物，如麦片、豌豆、面疙瘩、人参果、萝卜等，还要选择不同象征意义的物品包进面团里，煮成可口的面食。饭前，每人手中先拿一团湿面揉擦自身的各个部位，然后把这些粘满疾病和晦气的面团投到一个装有“鬼”的破陶罐中。之后，阿婆亲自掌勺为大家盛饭，当有人吃出包有羊毛、石块或奶制品的面食时，大家会评头论足，夸赞他的性格像羊毛一样柔软，意志像岩石般坚硬，心灵像奶子一样纯洁。当有人吃出食盐、辣椒或木炭时，家人便会规劝他干活时屁股不要像食盐般沉重，对人不能像辣椒一样尖嘴薄舌，做人不能心太黑……

饭后，索南杰端起装有“鬼”的破陶罐走在前头，家人举着火把，跟在后面，高喊着“滚出来，滚出来！”直到十字路口，然后再转回家门……

野战医院迅速成立四个工作组。

指挥组：由朱自清全面协调调度；保障组：负责保障手术的发电、供水等；医疗组：由妇产科王芳、助产师杨丹、泌尿科董永超、普外科副主任朱万坤和麻醉师王公校组成；护理组：由护士谢洪燕和吴平莉组成。

没有电。从附近部队借来70公升柴油，安装启动自备发电机。

没有自来水，手术中需要大量的消毒和清洗。大家纷纷跑回帐篷，把自己备用的矿泉水拿过来，一瓶、两瓶、三瓶、三百瓶……

没有血源。战士们纷纷排队，争相献血……

半个小时后，手术条件已经初步具备。手术室呢，就选在军用卡车的后厢中。

真是巧得很，2010年的藏历年和农历春节，恰在同一天。更巧的是，这一天还是情人节。

她终于怀孕了，胎儿已经六个月。

过年时，天冷路滑，妊娠反应，她出不了门，就守在家里。丈夫陪着她，专门为她弹吉他，唱歌：

月光落地的声音格桑花听得清/才仁求吉，我的才仁求吉/无论山高水远/我听得见你心跳的声音/只因为你牵动着我的心/……

女人又想起了甘孜老家的那一个夏天的夜晚，脸上就悄悄绽开了一朵绚丽的格桑花。

“咱娃娃长大后，要好好上学，学汉语，不能像咱们。”女

人说。

“嗯，听说北京好多了，还有民族大学。明年，咱们抱着孩子，一起去旅游?”

“要是能坐飞机就好了，玉树都有机场了。”……

这是地震后在高原上进行的第一例外科手术!

4月17日13时30分钟，妇产科、小儿科等七名大夫走进手术室；麻醉师王公校采用对胎儿影响最小的腰椎管手麻术对才仁求吉进行了麻醉；无影灯下，妇产科王芳、普外科副主任朱万坤、泌尿外科副主任董永超开始术前准备。

14时18分，王芳轻轻地在才仁求吉的肚子上切开一个十厘米左右的口子。她屏住呼吸，娴熟地分离，将胎儿从腹中取出。

王芳激动地告诉大家，是一个“千金”，母女平安。在场的人都深深地出了一口气。没有体秤，女婴的体重估约2.5公斤。

婴儿的哭声高亢洪亮，弥漫了整个青藏高原……

迟到的暖风在小镇的街上欢快地跑着、唱着、喊着，像一群群活泼的藏羚羊……

朱自清的父亲是在婴儿出生后的第二天上午10时去世的。大家都还沉浸在婴儿手术成功的喜悦中，谁也没有意识到他的情绪的特殊变化。

接到弟弟报丧电话的那一时刻，朱自清咬着牙，独自跑到帐篷后面的河滩里。他朝着家乡的方向，双膝跪下，以头叩地，号啕大哭……

索南杰更没有意识到这一切，兴奋的他正在到处寻找哈达，献给恩人。可到处是地震的废墟，到哪儿去找啊。他无奈地望着湛蓝的天空，那绵延千里的皑皑白云，就是世界上最长最圣洁的哈达了。

这几天，索南杰和妻子才仁求吉终于学会了第一句汉语。于是，见到任何人，他们都会大声说一句："谢谢！"小索南，还只是一个婴儿，青藏高原是她大大的睡床。

她每天的工作仍然很单纯，就是睡觉、打哈欠、伸懒腰、闭着眼做冥思状。只是又多了一些本领，她会哭了，会笑了，人类的情感正在越来越丰富起来。

是的，在她的懵懂中，她的家乡，她的身边发生了一桩大的事件。这个事件有着很多很多的故事和内涵，只是她不记得，更不明白。

但是，孩子，你正在一天天地长大起来，你终究会明白的……

情深似海

——一个人、一件事、一种情怀

杨志军

1

这次去玉树，让我牢牢记住了这样一个人。他是玉树土生土长的藏民，叫江永成林，还起了一个汉族的名字，叫张国强。和许多没有被掩埋的玉树人一样，他的故事从救人开始。

2010年4月14日7时49分地震开始，五分钟之后，结古镇已是一片废墟。在一幢坍塌楼房的底层、钢筋水泥的狭小黑洞里，几乎被挤扁的才哇和杨周太绝望地放弃了自救。突然一个声音从外面传来："才哇，才哇。"半个小时后，光明驱散了黑暗。他们看到，张国强的双手已经血肉模糊，他的头顶，是余震中还在不断垮塌的整座楼体。

才哇说："恩人哪……"

张国强说："伤了没有？没有就好。快，我们去救别的人。"

那些日子他一直在救人。废墟就是他的家，他在那里累死累活。等到72小时的救人黄金时间过去，他已经是许多人的恩人了。他本来可以就此定格，让人生在"恩人"的光环里璀璨而去，就像自己断了三根肋骨还能带人从废墟下救出130人的甘达村的村干部叶青，像带领部下连续一天一夜救出40多人的军人旦增，像震后三天内成功搜救28名幸存者的红十字员工格扎，像一个多小时中救出八人的动物疫病防控专家宋仁德，像勇敢救出七名被埋藏民的重庆“80后”杨阳，像仅以红色袈裟昭示身份却从来不在舍生忘死的救人现场留下姓名的无数僧人……但是张国强的定格出了问题，如同一只鹰，正要在苍蓝之上展翅翱翔，突然又直冲而下。

震后不久，重建启动。他以玉树县人大常委会主任的身份出任结古镇灾后重建征地拆迁领导小组组长。

征地拆迁，这在当今的中国是魔鬼的差事，谁愿意不做天使做魔鬼呢？人们有太多太多对钉子户坚顽不拔的同情，有太多太多对开发商野蛮拆迁的愤慨。由于在征地拆迁中官商勾结的腐败案屡屡曝光，加上贫富不均引起的心理失衡，舆论和钉子户都把抵抗拆迁当作了宣泄不满和委屈的渠道。但对张国强来说，被扭曲的拆迁并没有妨碍他走马上任，他心里明镜儿似的：搞征地拆迁，并不一定做魔鬼，要是我有情有义呢？要是我公正干净呢？坦荡无私才是做人的底气。

才仁多吉是张国强多年前的老同事，地震中右臂致残，小儿子遇难，负债盖起的房子全部倒塌，加上大儿子智力残疾，生活陷入困境。他拒绝搬迁的理由是如此充分：土地征用后我拿什么还贷款？张国强登门拜访，看到憔悴忧伤的才仁多吉出现在临时搭建的帐篷门口时，他难过得泪如泉涌。一番长谈之后，才仁多吉说：“今天您亲自来了，不看僧面看佛面，我再难也得拆了房子腾出地来。”张国强动情地拥抱了对方，把身上的所有钱掏出来塞到了老同事手里。

有家钉子户，男人去世得早，只有一个老妈妈和她的女儿。老妈妈辛苦一辈子盖了一座漂亮的小楼，却在震后规划中成了被征用的对象。张国强天天来到小楼和老妈妈说话。他的想法是：老妈妈太不容易了，我们只能用对她的理解赢得她对我们的理解。终于有一天，老妈妈说话了：“我知道你手下有一帮人，你想什么时候拆都能办到，我是挡不住的。但是你没有，你就像一个佛爷一样给我讲道理。我不难为你了，我要和我的房子照个相，照完了你就让人拆吧。”在照完相准备拆除的时候，张国强的眼泪比老妈妈流得还要多。

也是一位老妈妈，80多岁了，抱怨道：“我为政府工作了一辈子，政府到头来还要拆我的房子征我的地，我实在想不通。”张国强苦口婆心地安慰着，又带人为老人搭建起了过渡安置的帐篷，像孝敬父母一样对待她。老人的情绪终于平复了，主动说：“拆吧，拆吧。”张国强发现，在没有情绪阻拦的时候，道路伸展得格外顺畅。他的路——结古镇的未来，是从心里长出来的。

张国强一家几代人都在玉树生活，亲戚遍布结古镇。见到被征地拆迁的亲戚他总是说：“帮帮我，这个时候亲戚不帮忙谁帮忙哩？”有一次在拆除现场，一个亲戚气愤而无奈地说：“真没想到是你来拆我的房子，你好意思拆，我还不好意思跟你闹。”他说：“这就对了，亲戚毕竟是亲戚嘛。你要是想不通，打我都可以。”在一碗水端平之后，所有干部的所有亲戚，在征地拆迁这件事上，都把私情放到一边去了。

对老百姓来说，土地和房屋就是命根子。尤其是玉树结古镇，这个自古以来连贯西藏、四川、青海的贸易集散地，地势高峻，寸土寸金。张国强的原则是，群众利益最大化，干预土地最小化。老百姓的意愿，能满足的就满足。在拓展扎西科路段时，考虑到原规划占地过多，群众意见较大。张国强多次考查现场后向援建方提议：优化设计方案，尽量减少征地。后来提议被采纳，援建方采取加高挡土墙、采挖山包等措施更加合理地利用了土地。

也有剑拔弩张的。有一次一群下岗职工将他团团围住，激动地说：十年前你任副县长时搞企业改制，砸了我们的饭碗。今天你又来拆我们的房子，怎么我们公司每次落难都是因为你张国强。张国强有苦难言，只能站在土方作业扬起的漫天尘土里，耐心地听，不厌其烦地讲，一天下来，嘴巴、鼻孔、耳朵、眼睛灌满了黄土，累得吃晚饭时连碗都端不起来，没吃几口，就趴在饭桌上睡着了。

劳累的结果就是生病。他被医院检查出了乙肝和丙肝，且有肝硬化的趋势。无奈之下，只好住院。他在医院治疗了半个月，出院后每隔一星期就得注射一次干扰素，恶心、呕吐、眩晕是常有的事。终于有一天他晕倒在拆迁现场。

玉树处于青藏高原的心腹地带，平均海拔4200米，空气含氧量不足海平面的一半，即便是土生土长的藏民，也会因为严酷的生存环境而发生病变（玉树地区人群机体病变率高达98%）。上个世纪50年代以前，玉树人的人均寿命只有35岁，现在提高到60岁，但比中国内地仍然低了10到15岁。缺氧，是无法抗拒的残酷。在这里，我能做的只有祈愿，祈愿藏民张国强健康长寿。

不要以为张国强这样拼命是为了升官发财。“为了玉树的明天”也可以不是一句华而不实的口号。在倔强地生长着信仰的玉树，付出和牺牲又算得了什么呢？有些人付出的是生命，比如高空线路班的班长杜金玉，比如玉树州人民医院的院长藏民韩慧瑛，比如筑路工人李德业，比如普通民警吕耀忠，他们都是在高海拔的缺氧条件下超负荷工作后累死的。有些人付出了利益，比如被征地拆迁的八千四百多户结古居民。而有的人比如藏民张国强，他付出的却是声名和荣誉。

尽管他柔情似水，误解、谩骂、羞辱甚至威胁和恐吓依然伴随着他。对此他总能大度地表示理解。他相信一切总会过去。当玉树重新站起，崭新的结古镇出现在眼前，人们会明白，所有的付出都是那么值得。他说：我算什么，在新结古面前，最应该称道和最应该得到补偿的，还是被征地拆迁的八千四百多户居民。

实话说，在写张国强时我一直很纠结。我万分同情那些被征地拆迁的对象，又赞赏张国强这个人，就在这样的矛盾中我挣扎着我的文字。我的纠结也一定是张国强以及许多重建参与者的纠结，在感情的天平上向着居民，在理性的天平上向着拆迁。就像许多我们在无奈中必须面对的事情那样，最终感情总会让位于理性。我想起我现在工作生活的这座城市，十几年前为了便利交通修起了高架路，但高架路上一会儿三个车道，一会儿两个车道，结果天天堵塞，常常事故，司机怨声载道，乘客骂声连天。究其原因，就是当初修建时拆迁不彻底。这是城市建设的败笔，一经出现，就很难改变。这样的教训，可资殷鉴，不能再重复了。

结古镇的重建规划面积只有12平方公里，需要安置的人口却在14万以上，而且整个重建区都处于三江源国家级自然保护区以内，加上学校、医院、商店、广场、道路等公共设施，居民住房不可能以平房和小楼为主，组团修建小区式的楼房，是惟一的选择。而张国强之于征地拆迁以及拆迁户们的牺牲奉献，也是惟一的选择。拆迁意味着重新安置，安置既是收获也是慰藉，菩萨保佑，但愿人人心满意足。玉树重建中政府的口号是："不留遗憾、不留败笔、不留骂名"，"苦干三年、跨越二十年"。我期待口号变成现实的那一天，也相信在赞美新玉树的语言里，有着被征地拆迁的居民们发自内心的自豪与欣悦。

2

除了张国强这个人，还有一件事给我留下深刻印象，那就是灾后重建中三江源的生态保护。

玉树是黄河、长江、澜沧江的发源地，河流密布，湿地纵横，人称“中华水塔”。但从上个世纪70年代开始，这里冰川萎缩、雪线上升、植被减少、草原沙化、湖泊缩小、湿地干涸，水源涵养功能急速减退，而地震又明显加速了这种败退的趋势。那么灾后重建又怎么能把保护和恢复江源生态作为首要条件呢？

我了解到，大部分援建企业的做法是：在工程项目上尽可能地避开草原和湿地，不让原本就退化严重的草场再减少面积。施工中把挖填土方减少到最少量，力争挖填平衡，尽量不浪费土地资源。仔细回收建筑垃圾，做到工完场清。在运输沙石土方的过程中，用帆布罩住车厢，减少扬尘的机会。尘土对人畜的呼吸不利，会使缺氧的环境更加缺氧，还会覆盖在植被上，降低光合作用，造成枯萎发黄。而在中铁援建玉树的施工现场，施工人员对原有的树木都编了号，能避让就避让，实在不能保留的，就移栽到别处保证其存活。很多施工单位都做到了最大限度地保护施工选址范围内的草皮、灌木、溪流。我在一处工地上看到，工人们把表层腐殖土和草皮移植到别处后，用遮阳和喷水的办法，把牧

草培养得像原来一样鲜绿。工人们告诉我，等工程完工后，这些鲜活的草皮又会一块块植回到原来的土地上。中国建筑灾后重建指挥部的人表示，援建方案必须符合州政府的环保要求才会实施，比如施工现场临时设施优先考虑帐房，尽量减少活动板房的搭设，减少混凝土硬化面积，临时道路都用原土和沙石，利于完工后的生态恢复。

还有生活垃圾的处理、震后动物尸体的填埋、放弃建造水泥厂和砖瓦厂、砂石料的合理采挖、建筑材料的低碳化选择等等。在我的了解里，几乎所有援建单位都或多或少地注意到了环境保护的问题。结古镇目前还是个到处都在施工的大工地，在百废俱兴的背后，我们看到了建设者们的良苦用心。

尤其难忘的是：在人头攒动的集会场合，那些跑跑跳跳满草原捡拾垃圾的小阿卡（喇嘛）。在巴塘河边，那个即使憋死也不肯停车撒尿的司机诺布，因为水源是神圣清洁的。在建筑工地，那个戴着黄头盔的民工，使劲蹦着蹦着，蹦了六七下才把挂在树枝上的废塑料袋取下来。我当时想：在这样高的海拔里，他的心脏和那个烂塑料袋到底哪个重要？

除了低碳用料、环保施工之外，三江源的生态保护还包括了退牧还草、封山育林、黑土滩治理、鼠害防治、定居点的修建等等，但我最关心的还是灾后重建中的生态移民问题。

因为牲畜超载是生态退化的主要原因，从2005年起到现在，玉树州已有两万多牧民退牧搬迁，离开了草原，告别了逐水草而居的游牧生活。当祖祖辈辈的传统生活方式戛然而止，那种难以承受的忧伤和无奈是我们无法想象的。现在地震了，定居点的房子塌掉了，本来就对草原恋恋不舍的牧民只能返回草原了。这样一来，加快定居点的修建速度，让迁移到草原上的牧民尽快回到城镇，并解决好他们的生活问题，显得尤为重要。所以，当我知道甘达村、禅古村等90%的定居点已经建起来，有的已经入住，有的正在入住，有的即将入住时，我由衷地高兴着。在多拉活佛的坐床大典上，有个喇嘛告诉我："现在的房子比以前的好，不住的话说不过去，家里人已经搬回到定居点了。"地震两年后有多少牧民正在乔迁之中，恭喜，恭喜。

还有一个好现象就是合作社的出现。

玉树州现有可利用的天然草场14355万亩，按羊单位计算，载畜量为462万只，但现在的实际载畜量是559万只。这就是说，即使有2万多牧民退牧还草，仍然超载97万只。采食过度、草场退化、牲畜无草可食、牧民无法养畜的恶性循环依旧存在，致使全州草场退化面积达到了9377万亩，平均一亩地的产草量比20年前下降了40%还要多。畜牧业的基础严重动摇，生态平衡岌岌可危。合作社的出现就是为了挽狂澜于既倒。有了合作社，就可以避免牧民盲目增加牲畜和不合理利用草场的无序放牧，该减的牛羊减下去，该歇的草场歇起来，禁牧、封山、治理、回归原生态，都能够按规划实现。草场按畜种畜群划分，形成人、畜、草的平衡发展。适合放羊的放羊，适合放牛的放牛，马就算了，马对草场的破坏相当厉害。更重要的是，合作社是专人放牧的。有了专人放牧，别的人就可以解放出来参加政府的就业培训，就可以做买卖，挖虫草，养藏獒，开出租，搞运输，舍饲养畜（圈养育肥），文化演出，办藏家乐，从事畜产品的加工，从事唐卡、雕塑、石刻等民族工艺品的生产，或者去别处打工。牧民从放牧之外有了稳定的收入，自然就不会专一靠牛羊维持生计，牲畜超载问题也会迎刃而解。目前玉树州已经有92个村组建了生态畜牧业合作社，入社牧户2万多户，入社会员将近9万，整合草场5416万亩、牲畜81万头只。

合作社是政府提倡的，牧民加入不加入靠的是自愿。那些看着草场一天天退化、牲畜一年年冻死饿死的牧民，要是能从放牧之外得到好处，又何乐而不为呢？尽管告别传统的生活方式是痛苦的、忧伤的、无奈的，尽管老人们还在念叨：夏窝子的草该出来了吧？冬窝子的牛粪墙该垒起来了吧？羊群里的母羊、牛群里的母牛都该怀上娃娃了吧？尽管牧人们在无尽的思念中常常会冒出回到从前的念头。

说真的，最初听到“合作社”这个词时，我愣了一下。我想起了上个世纪五十年代的“合作化运动”，警惕地想：是不是历史又要回去了？我们又要倒退了？仔细了解后才明白：同样叫合作社，内容却大不一样。首先目的不是为了“走集体化的道路”，实现“共产主义”，而是为了三江源的生态保护，为了“中华水塔”永永远远的健壮耸立，也为了牧民有更多的收入、更好的生活。草原合作社的最早出现不是基于某个伟人的政治幻想，拿老百姓的身家性命做实验，而是在生产生活实践中牧民自发组织的，有见识的人觉得这个好，就开始因势利导，大力倡行。还有一点，过去的合作社是连人带地带牲口都成了集体和国家的，集体干什么你就得干什么。现在是相反的，入了合作社就可以把你从牲畜群里解脱出来，想去干什么就可以干什么，而牧业收入仍然是你的退路，万一你什么也没干成，还可以吃你的牛羊喝你的奶。再说方式也不一样，你不是入了合作社就成了穷光蛋，而是一变而为股东。你在前些年大包干中分得的草场、饲草料地和你养殖的全部牛羊马狗都是作价入股的，你有按股分红的资格，这个资格免去了你的后顾之忧，至少让你全家的温饱有了保障。

组建现代生态畜牧业合作社，恐怕是玉树灾后重建的最大收获。当一种先进的企业模式进入中国的边远牧区，即将成为畜牧业生产经营方式的主导时，我们是不是可以看到三江源生态保护的曙光呢？

3

在玉树，有两个奇迹常常被人们津津乐道：

一是地震中离震中仅有20公里的文成公主庙安然无恙，深紫色的氛围里，文成公主依然端坐在狮子莲花座上。公主身后的崖壁上，是九尊拥有1300多年历史的石刻佛像，中央一尊是大日如来。大日如来是“遍一切处作大照明”的意思，这里强调的是照亮内部人心。佛教密宗便是由大日如来传金刚萨埵发展而来，所以他是所有密宗的主供佛。大日如来的愤怒身是不动金刚，不动就是天崩地裂不动，物欲横流不动，救渡誓言不动。佛不动，山不动，庙亦不动。玉树人相信，这就是地震震不垮文成公主庙的原因。

二是那么强烈的地震，几乎位于震中的结古镇的广场上，金属铸就，十多米高的雄狮大王格萨尔的塑像却屹立不倒。格萨尔是藏民的理想，是一个民族精神气质的象征，格萨尔不倒，就是理想和精神不倒。

玉树人永远都会骄傲于他们和格萨尔天然亲密的联系。

从前，草原上有一个古老的部落叫“尤受”，尤受部落后来分化为四部，所以又叫“尤受四部”，分别是总举部落、雅拉部落、江赛部落、戎摸部落，占据着治曲（长江上游的通天河）以南、扎曲（澜沧江上游）以北的大片草原。在尤受部落的传说里，他们的祖先、一个绰号叫“大鼻子”的勇士最早建立了部落，部落的驻地既是格萨尔王的岳父、岭国大英雄嘉洛的宫殿遗址，又是格萨尔王的妃子森姜珠牡的诞生地。渐渐地，“尤受”的藏语发音被汉族人读写成了“玉树”，“玉树”也成了一个大地盘的名称，在这个大地盘上生活着以著名的囊歉王（千户）为首的二十五个部落，号称玉树二十五族，后来玉树二十五族分化为大小不等的八十多个从属部落和独立部落，这些部落的地盘变成了玉树藏族自治州。现在说“玉树”的藏语意思是“遗址”，也是基于以上的原因。

我顶礼格萨尔塑像，顶礼文成公主庙。但相比之下，我更关心的还是位于新寨的嘉那嘛呢石经堆。

那是倾注在石头上的信仰奇观，是我曾为之叹息流泪的历史遗迹。

嘛呢石经堆始建于300多年前（也有说建于明代洪武年间即600多年前的）。传说在五台山修行的玉树人嘉那一世活佛得到文殊菩萨的梦示：“在江河流出之地有一眼清泉，泉中有块嘛呢石，你如果能找到它，建起嘛呢石经堆，将是天下信民的福气。”嘉那活佛花三年时间，踏遍江源各地，终于在结古新寨找到了清泉和嘛呢石。他在泉边供奉了嘛呢石，手持弓箭说：“箭走多远，嘛呢堆就要建多大。”数百年过去了，到上个世纪50年代，新寨堆垒了25亿块大小不等的嘛呢石，就像一座山，山边有巍巍佛塔，山上有猎猎经幡。为了纪念嘉那活佛，在他发现清泉的这一天农历十二月十五日开始，到二十一日，藏区各地的信民，纷纷来这里转嘛呢，高峰时多达数万人，成为藏区最盛大的佛事活佛之一，藏语叫“嘉那帮穷”，意思是纪念嘉那活佛的节日。节日期间要跳舞，据说舞蹈也是嘉那活佛创造的，他根据民间的“伊”舞，创造了“新寨卓”，于是有了现在蜚声海内外的玉树卓舞。后来便是“文革”，几乎全部嘛呢石都被拉去垒了坝，铺了路，盖了房。我第一次来到新寨，看到的就是这种情形，惆怅得就像失去了冰雪的雪山，一种明亮的疼痛立刻袭击了我。后来，从80年代开始，信民们又开始投放嘛呢石，直到今天，规模虽然不似先前壮观宏丽，但也算是世界第一嘛呢石经堆了，绕行一

圈，大约六百米，一华里还要多。

地震中嘉那嘛呢石经堆整体变形坍塌，八座佛塔也倒了三座。但是转嘛呢的信民依然不少，他们手摇经轮，默诵真言，执著地走向顺时针的方向。虔诚是他们的本能，也是内心的需要。一位僧人告诉我，地震让信仰更加坚定，转经朝拜的人越来越多了，因为只有佛才能让人坦然面对死亡，也只有佛能让人对未来充满信心。佛告诉我们什么叫无常，也告诉我们灾难不过是无常的表现形式。

是的，佛是最彻底的批判现实主义者，他用“厌离”和“解脱”批判了现世人生，批判了有情众生赖以存在的一切环境，否定了他自己创造的六道轮回（脱离轮回才是最好的出路）。但佛又是最富理想色彩的浪漫主义者，用最美好的未来召唤着众生的灵魂，比如无量光佛（阿弥陀佛）代表的西方极乐世界，比如药师佛代表的东方琉璃世界，比如强巴佛（弥勒）代表的未来世界。他让我们欢喜地面对生，坦然地面对死。他告诉我们，就算你失去了一切，也不会失去生生世世陪伴你的救苦救难的菩萨。

我和朋友们沿着嘛呢石经堆转了一圈，然后朝着石堆中央走去。50米开外的一辆卡车上，几个正在卸载货物的藏民神情严峻、面有愠色地看着我们。但是一刻钟后，他们就改变了态度，笑着冲我们喊："乔得冒（你好）。""扎西德勒（吉祥如意）。"因为他们发现我们踩踏着嘛呢石走向石堆中央并不是为了照相留影，而是为了虔诚地把我们带来的哈达挂在经幡上。我们为死者祈祷，为生者祈福，这样的结果是，所有的嘛呢石都会成为祝福我们的经语。我朝卡车上的人招手回应，突然想，这个民族其实很简单：只要你尊重他们的信仰，他们就会尊重你。

我们说扎西德勒，朋友讲吉祥如意，都是一样的祝福，为了爱，为了玉树，为了今生来世。

我看到有人背了一些簇新的鞭麻走向一座正在修建的白塔，心里不禁一动：在新型的建筑材料层出不穷的今天，古老的鞭麻也还是有用的。鞭麻是一种矮生灌木，玉树草原上到处都是，开黄花的学名叫金露梅，开白花的叫银露梅，都是藏医的草药，有解毒、消肿、愈疮的功能，主治乳痈、牙痛、黄水病、疮疡溃烂。但在藏区它更是一种难得的建筑材料。建筑师们把它层层叠叠地码在墙头和椽梁的衔接处，染成棕色或白色，看起来就像毛烘烘的装饰。我在大昭寺、布达拉宫、扎什伦布寺、拉卜楞寺、塔尔寺都见过这种鞭麻墙。不过拉萨人不叫鞭麻，叫白玛草。作为建筑材料，它量轻而结实，百年不朽，它又是带毒的，有防止虫蛀的作用，不仅自己不会腐烂，也会保护墙体和椽梁免遭蚁虫之害。我还见过用鞭麻扎起的刷锅刷子，拿刷子在酥油桶里一蹭，里面立刻干干净净的。我想，被地震毁坏的寺院是不是都在利用鞭麻做重建材料呢，那得多少啊？

不，不会，大量采挖鞭麻会破坏草场，除非是特殊而少量的需要，比如装藏肉身佛体或其他宝物的佛塔，鞭麻会使里面长久地保持干净无染。玉树州佛教协会常务理事、罗热噶巴寺第九世罗热活佛元旦西然告诉我，整个玉树州有87座重建寺院，玉树县53座，称多县23座，囊谦县3座，杂多县6座，曲麻莱县2座。对这些寺院，国家投资了9.97个亿，主要用于维修和加固佛殿、经堂、僧舍、闭关所，有些无法加固的，推倒后重新修建，总之一定要恢复到地震前的规模。修葺中所需的建筑材料都是从外面运来的，就地取材的很少。

我喜欢寺院、经幡、佛塔，喜欢风马旗、转经筒、嘛呢石，虽然它们仅仅是信仰的表层浮现，但要是没有它们，青藏高原又怎么能体现自然和人文天衣无缝的结合呢？我是这样概括玉树的：生命之源、寄魂之所、佛照之天、神在之山。而我，就是它的一滴水、一片云、一抔长草的土。

在称多县的康囊寺，我对着伟岸的强巴佛磕起了等身长头，为玉树祈福，为所有的朋友祈福。大住持康囊格西·彭措喇嘛一直在为我朗声念经。我想只要他经声消失我就停止磕头。而他想的是，只要我停止磕头他就止住经声。结果，就在某一刻，我们默契地同时停止了磕头和念经。瞻一神而百神授记，磕一头而百头齐响。只要虔诚，虔诚，就不必在乎时间和数量。

我想起了地震后朋友之间互相转发的两则短信：

“生命中常有菩萨路过，他们是伴我们成长的父母，是耳鬓厮磨的爱人，是陪我们变老的孩子，是一路同行的友人，是帮助我们的恩人。细心，就会发觉；用心，我们也会成为别人眼里的菩萨。在这灾难的日子里，让我们为所有人祈祷：愿清净常驻心中，愿慈悲穿越生命，愿福慧连贯始终。”

“玉树地震再次告诉我们：生死转换于顷刻，穷人与富人同行，少年与老人携手，恩人与仇人同去，平民与官员共趋，抹平了恩怨情仇，埋葬了利禄功名。当生命邂逅死亡，顿感生命脆弱，亲情弥珍，更使世人明白：得到别得意忘形，失去别怨天尤人，逆时要善待自己，顺时更善待别人，累了就停下歇歇，惦念就发条短信。”

这两则短信迄今保存在我的手机里。

记得三十年前，我在玉树杂多草原的牧民巴桑家里住了一个半月。巴桑的老妈妈教我如何捡牛粪（半干半湿的牛粪最好一脚踢起来再去捡拾，否则牛粪和草地之间的瘴气会熏肿你的手），如何像一个藏家男人一样捻毛线（在牧区，这通常是男人们放牧时做的活计），如何摇晃着皮口袋提取酥油。牧民们很忌讳生人动手打酥油，认为那会冲跑自家的福气，老妈妈教我打酥油，说明她把我看成了自家人。在我离开时，老妈妈说：“我念了十万个嘛呢，我把五万个送给你吧。”“嘛呢”就是六字真言，念嘛呢是积累功德的事，它会带给人所有的福分——今生今世的平安、喜乐、长寿、富足以及往生来世的美好和幸福。老妈妈送给我五万嘛呢，就是把她多少年积累的功德，把她的福运，甚至她的美好来世都送给了我，这是何等珍贵的礼物。现在想来，就是在这五万嘛呢的保佑下，我活到了今天，写作到了今天。但是我再也没有去过澜沧江上游的杂多草原，没有去看望过老妈妈。我想我就是去了，又到哪里去寻找四季迁徙、逐水草而居的老妈妈呢？我不知道她活着还是去了，但是她的保佑一直陪伴着我。这样的陪伴不仅给了我幸福，也给了我一种真实不虚的改变。

在离开老妈妈后，每当我进到寺院，我都会口念嘛呢，积累功德。然后把积攒的嘛呢——我的功德、我祈祷来的福分，毫无保留地送给我的朋友。这是多么愉快的一件事啊。

玉树，你不是什么冷冰冰的“水塔”，你是滋生源泉、哺育生命的妈妈。就像元旦西然仁波切在他的诗歌集里表达的那样：“躺在阿妈的怀抱里”。玉树，你是蓝天下乳汁芳香的妈妈，你是创伤中慈爱无比的妈妈。你对我们和我们对你都是一样的情深似海啊，情深似海。

公元2012年8月

藏历水龙年七月

亲历"4·14"大地震

江洋才让

山的抖动在暴风之后忽然狂烈而至。我不知道自己是否永远记住了可怕的瞬间——21秒，可在我的记忆里它足有两分钟的长度。它隆隆而来，带着一股邪恶的气息，瞬间就颠覆了我对时间的认知。可是，就在前一天，我的祈祷里没有它的节目。我翻开齐诺瓦·阿切贝的《瓦解》，小心地对付着嘴里的茶梗。我仍然记得自己在文殊菩萨面前所做的那番祷告。那个时刻，一切都是安详的，我记得自己透过玻璃窗户看着远山上停泊的云朵。那朵云竟然呈现出了一只绵羊的形状。我唤妻子来看。可妻子说：不像，真的不像。说完，她转身就去做家务了。下午，去了趟单位，一个同事半开玩笑地告诉我：天气预报上说，我们这里有7到8级的大风。我说不会，有，也是从可可西里无人区的边缘刮过的。同事笑笑，我也笑笑。一切显得没有什么异样。买菜，路过一家五金店时还买了个插销。遇到了一个旧时的同学，说是刚到州上，明天要下西宁。回家，看着妻子忙碌，而自己又对着电脑发呆。很多想法，在脑子里一闪一闪的，没有清晰的轮廓，所以放下电脑，去和家人一起看电视了。……

我们家在一个大院子里，院子里平时很嘈杂。大门的左侧是我父母的两层水泥框架式楼房。大门的正对面是我弟弟在三年前盖的一排平房，只是一个月前他就搬到新买的楼房里去了，现在没有人住。靠近弟弟平房的则是我们家最早的土木结构的两层楼房。那里曾是我童年的梦想发源的地方，现在，出租给了四户人家。底楼是曲麻莱的达果家和来自西藏的拉萨人一家。拉萨人名叫香巴森格，他的妻子是玉树囊谦人，有两个儿子，和达果家一样，他们总以有两个儿子为荣。楼上则住着三个女学生和来自四川德格的两口子：他们有两个非常漂亮可爱的女童，是我们这个院子的亮点。大门的右侧，是一排出租屋，半水泥框架式的，住着来自杂多的阿日和他的子女们。我的住房，则靠近这座土楼。楼上我住，楼下租给了一个叫贝多的曲麻莱人，有一儿一女，老婆是四川德格人，她和土楼上住的那一家德格人是亲戚。刚开始，我以为她跟那个男的沾亲，可是后来，来自曲麻莱的阿吾达果告诉我，她其实是土楼上那个德格女人的亲戚。她是她的表姐。因此，两家的来往是这个院子的住客中最频繁的。平日，院子里的小孩总是吵吵闹闹的，那天晚上也不例外：拉萨人家和曲麻莱贝多家的两个小男孩引领着土楼上德格人家的小女儿玩耍，在我的走廊的铁栅栏门前用木棍敲击出很大的声响来。……

我把电视开大了一些，没有歌，只有新闻。我的目的不言而

喻，只是为了遮挡住木棍敲击铁条的声响。妻子把电视的声音关小了些，说道：小孩们吵一会儿就不吵了。果然是这样，那些小孩子几乎是在听到这句话后迅速隐匿了。夜里，真的刮起了大风，呜呜的，像是从哪个地穴冒出来的，大儿子睡在我的身边，丝毫没有感觉到外面尘土在奔跑。我听到树梢被它吹出了“咝咝”的声响，我还听到天窗上有裂缝的玻璃被吹落下来了，破碎的声音，在楼梯间里回荡，造成了一种很恐怖的效果。不知什么时候，我睡着了，但总觉得睡得不怎么安稳。做梦的时候，感到自己是在真实地经历。身子像是被一股尘土包围着。我咳嗽，我再次咳嗽。就在我翻身时，一阵轰隆隆的声响从地下传来，房子突然晃了一下。我知道地震了。我不是没有这样的经验，结古先前也来过几次这样的没有什么威胁的地震。我拉开灯，打开窗户：院子里早有人聚集。我听到杂多人阿日的声音，这次地震可不轻！玻璃都晃得“咯噔”作响。接着，他可能看到我楼上透出的灯光，就唤我和家人下来。我没把这次地震当回事。我和大儿子走到妻子和小儿子的卧房，打开暖瓶喝了点茶，和妻子说了些有关地震成因的科普知识，我知道有些地方我说错了，但也没有听到妻子作出纠正。应该说，她比我更了解这方面的知识。看了看手表：5点47分。继续睡吧！

谁也不会想到真正的危险已经临近！

其实，按照老一辈人的说法：地震总是成双成对地出现。前面来一次之后，紧跟着还会再来一次。但是，不知从什么时候起，我们开始漠视祖先传下来的经验。

我们是多么地疏忽大意！

就在清晨7点多，妻子起床叫醒了大儿子送他上了去学校的公交车。

等她回返，还没上楼，真正的强震来临了：满屋子的尘土，椽子间的土粒像雨点一样地往下落。屋子在左右地摇摆，并夹杂着上下的抖动。我从床上跳了下来，那时，我只想到了躺在床上睡觉的小儿子。我努力地扶住门框；我摔倒在地，并随着地势的倾斜滚到了墙角。强震仍在继续，我看见从外返回的妻子被掉下来的铝合金天窗给砸中了。她躺在地上，用藏语喊着，儿子儿子！那个时候，我突然发现自己又重新站起来了。卧房的门是打开的：儿子醒来了，他在尘土中揉着眼睛。我知道自己是扑过去的，那是本能。当我抱着儿子从屋子里冲出来时，妻子已是满身的尘土了。我弯着腰，把儿子护在胸前，一只手拉着妻子把她拖到了楼梯口，没想到这个时候妻子竟然站了起来。当我们穿过弥漫在楼梯间的尘土到达铁栅栏门前时，意想不到的是，由于其上框架的断裂，门被卡住了。屋子仍然在摇晃。楼下曲麻莱贝多的妻子抱着孩子在往外逃，我大声叫喊，让她帮我打开门，没想到她真的回来帮我了。她惊恐万状地拉了拉铁栅栏门，门纹丝不动。我急了。这时才发现自己是光着脚丫的。我对着门连踹两脚，门打开了。我们一起冲出了另一道门，到达了屋外。大家的头上全是尘土，眼睛里充满了血丝。漫天的尘土在飞扬，鼻孔里充塞的像是死亡的气息。在那个时刻，我终于明白那种气味是真实存在的，是人在最为恐惧的时候才能领略到的。

母亲在喊我。

父亲也在喊我。

母亲抱着我弟弟的女儿疾步走上前来，一只脚是光着的。她满面尘土，声音在那一刻沙哑得有些歇斯底里。

她问道：达瓦扎西呢？

我机械地回答：去上学了！

这时，那边土楼上传来呼救的声音。循声望去，土楼坍塌得很严重，楼上的根根椽子，像是断裂的肋骨戳穿了皮肉。盖在屋顶的那些土，早已随着强烈的震动沿着缝隙掉落下去。底楼，我看不见底楼。早先竖起的窗子，现在只露着脊背。土坯碎裂得到处都是，在那一刻，我突然想到底楼已经没有什么空间可言了。它几乎是结结实实地贴在了地表上了。我穿上父亲脱下的鞋子跑了过去，早就有人先我一步到达那里了，是土楼下拉萨人家的年轻客人。拉萨人香巴森格早在几天前就去囊谦办事情去了。这个年轻的客人，在强震之中带出了拉萨人的小儿子。现在，我和他跑到楼顶，随着声音的方位扒开了椽子。然后，又用我父亲递过来的铁锹，挖出一个可以容纳一个人的洞。随即，就有一只手伸了过来，是个女的。她的手腕上戴着廉价的手镯。我和那个客人用力把她往上拉。我听到她的衣服被撕开的声音。我甚至担心，这会伤及她的皮肉。但是，谁会保证，地震不会再来，争取时间才是最紧要的。我和那个年轻的客人似乎是心有灵犀。我和他不顾一切地用力将她往上拉。最终，她的身子出来了。她爬了上来。是住在楼上的女学生。她指着洞口的那个方位说：还有个人。说完，又有一只手从洞口伸了出来。但是，拉出她却费了一番周折。现在想来，当时她的身子有可能是弯曲着的。不管我们怎么用力，就是拉不出来。尝试着换了几个方向拉，最后，在她侧身时才把她拉了出来。她们说，还有她们的一个同学在里头。她们知道，她在房里还没有出来，可谓凶多吉少。这时，楼下曲麻莱人达果的两个在州民师上学的孩子跑回来了。他们趴在地上冲着碎裂的土坯，阿爸阿妈地叫唤。两个女学生说是要喊同学来挖人。就在同时，我父亲在土楼那一边用手把德格商人夫妇挖了出来。他俩都没受伤，只是小女儿的左眼被什么砸着了，鲜血在不住地往下淌。她的母亲哭喊着，用舌头舔着女儿的伤口。……

这时，我才感到有些累了。我瘫坐在碎土坯堆里，后背靠在一根断裂的椽子上。什么叫做悲凉？什么叫做瓦解或者崩溃？我问自己。我真的在问自己。在那一刻，我感觉到了肉体的麻木，只有精神是支撑我的惟一潜在的力量。阿日家在州民师上学的儿子和女儿也跑回来了。我看到他们一家抱在一起。有人在哭，哭声好像是催化剂一样，把我心底的悲凉再次逼到了我的眼里。我不知道自己是不是流泪了！就在我摇摇晃晃地站起身子时，父亲丢给我他的衣服、裤子，说：你弟弟回来了！开上他的车，去找儿子吧！这时，妻子的哭声也传到了我的耳里。……

那一路太漫长了。尘土依然在弥漫，好像没有散去的时候。

有人拦车，说是要去孟宗沟看自己的父母，我决定捎他一程。

那人上车后，手在发抖，他一个劲地催促，快！快！快！

我回答说，不能再快了！我不能再撞着这些强震中幸存的人们。如果撞着了，那可要遭天大的报应。

一路上，目睹的景象实在惨烈，到处都是哭喊声、尖叫声。我看见了路边的尸体，我还看见了被断裂的水泥房檐砸中的车子。一个人捂着流血的额头，把一具尸体拖到了路边。被坍塌的墙壁压住的孩子。好多人在施救。一个小女孩站在路中间喊着妈妈。一只藏獒从冲天的尘土中冲出，向着河边跑去。汽车的玻璃上也落了好些土，底盘不知蹭到了什么硬物，“哐当”一下，汽车熄火了。我拧动车钥匙，手在不住地打颤。打了好几下，才把火打着。汽车的玻璃上落着的土，最终使我什么也看不见了。我熄火下车，找了块抹布去擦车玻璃。汽车继续往前走，路上的人不住地在增多，好些人不敢待到院子里。也许，只有路才会赋予他们在又一次强震来临时逃跑的可能。可是，除了小余震，强震似乎是走远了。它路经玉树，破坏了房屋，摧残了生命。……

我小心地开车，静静地看着那些慌乱的人们，没有方向感的人们。我的鼻子酸了！这时，有个小孩在路上大喊，爸爸，爸爸！像我儿子的声音。是我儿子的声音。我停车，儿子从公交车

售票员的手里挣脱，跑到了我这里。原来，公交车还没有到学校，就遭遇地震了。慌乱的司机，突然就刹住车，不再让车往前走了。他让售票员看好孩子，自己却在紧张之中无法使车再次发动起来。我接儿子上车，那个搭车的人早已不知去向。

院子里的营救仍在继续。曲麻莱达果的两个儿子开始刨土了。他们把灰尘扬了起来，使院子里充满了不祥的意味。很快，他俩就汗流浃背了。可是，方向不对，断裂的椽子埋在土里使他们的挖掘变得碍手碍脚的。没有锯子，也没有斧子，他们开始用手去拉椽子，但那些椽子好像是生了根，挖掘的进度近乎为零。拉萨人香巴森格上中学的儿子也从学校跑回来了。他也开始去拉自己住房前的那些椽子。只有德格商人的妻子，静静地将小女儿抱在怀里，眼神里充满了无限的哀愁。我听到她的表姐讲，大女儿昨晚住在一个亲戚家了。德格商人在我去找大儿子的时间去了一趟那里，打电话回来说大女儿毫发未损，这也许是给这个悲伤母亲的安慰。我的妻子抱着儿子坐在屋外不至于被再次砸着的地方，她说她站不起来了。很显然，是骨折了。上医院！听回来的德格商人说，医院的院子里挤满了伤者、死者。听到这样的消息，人们近乎绝望了。我知道，在这样的时刻，人们最需要的是有人站出来指引他们，好像一股流水一样，找到汇聚的水洼。很快，一辆警车开了过来。车顶的高音喇叭里在宣讲，人们必须转移到空旷的地方。去赛马场，喇叭里就是这么讲的。好多人开始沿着马路缓缓前行。汽车、摩托车、架子车络绎不绝。伤者、死者被混载在皮卡上。幸存的人们相互搀扶着向赛马场走去。我看到一辆最多可以载六个人的车上挤着十二个人。步行的人身上驮着被子。细问之下，说是禅古电站的水坝在强震的作用下决口了。我没来得及证实。在这种情况下，什么都有可能发生。于是，我让弟弟将母亲和我妻子以及院子里的几个女人送到安全的地方。看来，目前最安全的地方真的是赛马场了。我们几个男的继续留在土楼的废墟处挖掘。这时，几个人民警察走了进来，他们说，亲人们还是先疏散到安全的地方吧！如果没有异样，我们可以马上回来。看着他们近乎请求的表情，我们最终妥协了。

那个难熬的时刻就这么来临了。我的脑海里始终是埋在废墟下的人们：达果夫妇，还有他们家的一个客人，拉萨人香巴森格的老婆，还有一名女学生。赛马场上，不断有伤者死去。我看到不久前因高血压突发死去的同学的妻子也在其中。她的尸体被平放在草地上，面部被一件沾着血的衬衣遮挡着，她的手心里还有黄土，手指蜷曲得像是树根。同学的姐姐向我借手机，可我的手机落在屋子里了。我只能将父亲的机子借给她。她拨通电话，颤颤巍巍地向她远在西宁的姐姐哭诉起自家的事情。这时，我才想起我的朋友将会多么担心。于是，在她还我电话之后，我就拨114查询了青海人民出版社的电话，我说任何办公室的电话都可以。……我还活着的消息就这么传达到了我的兄长班果那里，以及关心我的朋友们那里。

又开始起风了，这个时候的风，萧瑟，凄清，悲凉。它不仅使人们在痛苦中闭上了眼睛，而且使得原本已处在阴霾中的结古更加阴霾。还是母亲最终作了决定：回家！救人！除了留下我妻子和我小儿子在另一拨亲戚当中，等待她弟弟护送去称多县医院，其他人愿意回去救人的就都回去。我父亲还有杂多人阿日走在最前面。我们逆着人流往回走。到达院子里时，发现有一拨学生在。不久，他们挖出了一个女学生。遗憾的是，她死了，永远地带走了她的青春气息，带走了她善待孩子们时露出的微笑，但带不走留给人们的美好印象：她的歌声是那么地甜美，歌唱好山川，歌唱好家乡，歌唱自己美好的爱情。可是，她就这么走了，被尘土遮挡了五官，被包裹在被子里去了另一个世界。

院子里的人开始沉默了。我看着紧紧地贴在地面的楼底，心想，被压在底下的人们生还的几率很小，很小，近乎没有生还的机会。大家虽然都是这么想的，但谁也没有把话说出来。我们开始了又一轮艰难的挖掘。下午，突然有一帮武警战士从外面跑了进来。希望来了。我没想到外面的部队是这么地神速。光凭驻扎在州上的解放军、武警战士救灾，远远不够。我听到他们的班长说道：动作快点！迅速到位！卓有成效的挖掘工作才算是真正开始了。临近黄昏，战士们在我父亲确定的那个方位挖了一个洞，一个湖南籍的战士不顾自己安危，在深深地吸了几口他们班长递给他的香烟之后，就钻入了挖好的洞中。他从洞里放出话来，看到了漆着红漆的大床。我父亲说，应该就是那个方位，按照他平时的作息时间，那时他可能在睡觉。可是，红漆木床被紧紧地压在土里，并且被断裂的椽子阻隔着，因此，班长认定从这个方位挖掘没戏。班长小心翼翼地在没有引火材料的地方踩灭烟蒂。眼看着天要黑了，班长就用对讲机呼叫，送手电筒过来。战士们显然是饥肠辘辘了，他们轮班挖掘，另一些战士可以抓紧时间吃些干粮。在一个小战士的口中，我探听到他们是格尔木武警四支队装甲车中队四班的战士。挖了将近一个小时，达果的尸体终于被挖出来了。他的尸体放在了被砸坏的农用车的车尾下。夜深了，战士们回去休息了。可是就在这时结古寺的僧侣们来了，他们接了武警战士的班，在拉萨人香巴森格家的那个方位挖了起来。他们靠着战士们留下的几个手电筒，挑灯夜战。谁都明白，在这个时候时间就是生命，早挖出几个小时和晚挖出几个小时是不一样的。但是，挖掘救援的难度是客观存在的，挖出一锨土，就要用手从那里扒出椽子来。僧侣们小心翼翼地挖掘，在这当中，余震就光顾了四次。没有人想到跑。脚下的土是酥松的，但是，他们救人的决心是坚定的。不久，囊谦县尕阳寺的僧侣也加入进来了。最终，香巴森格老婆的尸体被挖了出来。她的额头被椽子击碎了，脑浆里落进了干土，成了泥巴。当时，她的尸体就被一个来到现场的亲戚认领走了。夜更深了，再刚强的人也有熬不住的时候。僧侣们又累又饿，他们也撤下了土楼废墟。风的声音，开始突现出来。它刮动着露在废墟外的塑料布，吹奏出“嗞嗞嗞”的响声，像是灵魂游走的动静。那个夜里，我睡在姐夫的车里，其余的人挤在阿日的面包车里，真没想到，我一夜无梦地睡了过去。

第二天，又一拨武警战士来了。领头的那个年轻的排长问我：这里还有几个人需要营救？我伸出手指说，还有两个。排长问我谁比较熟悉这里的情况，我指了指父亲。排长便跑过去，问明了埋人的具体位置。他让战士们把水壶及背包都放到井台的那个位置。然后，他下达了命令。战士们开始行动起来。不一会儿，一具尸体又被挖出来了，血肉模糊，排长找到杂多人阿日来辨认，是达果家的客人。这时，昨晚上的那些僧侣也赶来了。达果的兄弟也及时赶到，他把这两具尸体连日运到了曲麻莱的一个寺院。现在，只剩下一个人了——达果的妻子。她是不是有生还的机会？这个世界有时充满奇迹，有时又是一点悬念也没有。当战士和僧侣有条不紊地进行救助时，达果妻子的弟弟带着曲麻莱救援队赶来了。他的到来在一定程度上减缓了救援的速度。其实，在那个靠窗的方向挖基本上是正确的。可是，他武断地分析，自己姐姐在遭到强震之时很可能躲到拉萨人的房子里去了，因为这之间只隔着一段短短的走廊。方向的错误使武警战士和僧侣的挖掘成了无用功，包括曲麻莱救援队的。这个武断的人最后甚至认为自己姐姐的尸体可能是被拉萨人的亲戚拿错了。他甚至萌发了要找拉萨人的亲戚要回尸体的念头。我对他说，不会错的，是他们家的亲戚来认领的。可是，他摆了摆手，示意我不要说了。他认为自己带领的人是在挖拉萨人香巴森格的妻子。一拨僧人和武警战士听了我父亲和阿日的话，又回到原来的那个地方挖了起来。不一会儿，就挖出了达果妻子的尸体。太惨了，一栋坍塌的土楼要了五个人的命。我不由唏嘘起来！跟房客们相处的美好时光涌现在了我的眼前。曲麻莱人阿吾达果是个心灵手巧的裁缝，他特别能喝茶，一得空闲，就会端着大大的茶缸坐在院子里的树下喝。他的妻子平常不太爱说话，见到我总是笑盈盈的。一对善良的人，就这么一起走了。拉萨人香巴森格终于赶回来了，见到这样的场面，他痛哭流涕。他抱住在二民中上学的儿子，哭诉着他是怎样在听到消息后艰难地赶回来的。妻子没了！家庭生活破碎了。最小的儿子被那个住在他家里的年轻客人给带走了。他颤抖地端起我父亲递过来的茶，喝一口，就哭一声，好像那茶水喝进去了，又从眼睛里流了出来。

接下来的几天，帐篷发到各家各户的手里。四面八方的支援带着浓浓的爱心，深深地感动着玉树人。我想我的同学们、我的朋友们一定往我的手机上发了不少信息。于是，我胆战心惊地从危房里取回了手机。的确，我的老师担心了，我的同学们担心了，我的朋友们也担心了。这个时候，我不能不被这人间的真情感动。我想：我何德何能，拥有了天底下最真的情，最浓的爱。不几天，我省著名作家梅卓和几个朋友也来了。梅卓老师带来铁凝主席及中国作协的慰问，中国作协还向玉树灾区捐了款。

我真的想说：感谢你们为玉树灾区所做的一切！

我开始记录那些感动的瞬间。拿起照相机的时候，我似乎发现那是我心灵的延伸。我穿梭在灾民点，在那里我又遇到了我们家的房客。曲麻莱人贝多和德格商人夫妇。曲麻莱人贝多在遭灾之后，本来想回老家，可是，胡主席和温总理在玉树的讲话深深地感染了他。他想玉树的发展是无可限量的，留在这里才是最好的选择。在他的蓝色救灾帐篷里，我听着他由衷的诉说，他说：真的不想回去了。地震，并没有带走我对结古的感情，结古以前是个宁静安详的地方，我想以后，她还会是这样，既然想在这里安居，那就再义无反顾些。说着，他往我的碗里斟满了茶。他的妻子和表妹领回了救济，我看到发放救济的工作进行得很顺利。看来，《中国新闻周报》的那个记者说的没错，在自然灾害多发的现阶段，一个国家对于救灾的反应速度，体现出的是它的综合国力，从唐山大地震开始，到汶川地震，我们已总结出了一套行之有效的救灾经验，因此，玉树的各项救灾工作才得以有序地进行。……贝多的老婆告诉我，她的德格表妹，也就是土楼上被我父亲救出的德格商人的老婆，她的一些财物还落在废墟里。因此，我看到她俩拿着小镐头在废墟堆里挖掘的身影。她们挖出了一些东西，如果是死者家的，她们就会把它放在一块石头上面。已经没有什么值钱的东西了。各家的东西大多都交给各家的亲属们了。没有办法处理的，如酥油，只能交给寺院来为死者点上酥油灯。每次，她们挖完之后，都会来到我家的救灾帐篷前向我的母亲道别。我没法不记述这样的事情，虽然小，但是却反映出了我的同胞在受灾后的心态。大街上，好多的志愿者！他们来自五湖四海。我看着这些“80后”，甚至“90后”的有志青年，由衷地感到敬佩。他们的身影穿梭在救灾的各个现场，哪里有困难他们就会出现在哪里。……我的父亲依然是没有得闲的时候，他是一个编外的老志愿者，都71岁了，他常常走出自家的帐篷去邻居那里帮忙。他会小心翼翼地帮人家取出压在椽子下的毛毯送到那人的手里，他还会帮着各家扎帐篷，他似乎天生就会扎各式各样的帐篷，包括连我都要研究好半天的那种连杆结构的。人们慢慢地甩开了地震留下的阴霾，乐观、积极向上的品格重新显现了出来，对于未来家园的种种设想已经在他们的脑海里萌发了。不久，同事们也有消息了。一场地震似乎把我们分割开来，地震无情，人有情，看到同事们又出现在自己的眼前时，那种高兴是由衷的。这是7.1级地震都没有带走的生命，手和手握在一起就生根了，久久地握住了，体温的传递是互致的敬意。可是，并不是每个人都那么幸运。有的同事父亲、母亲、弟弟过世了，他们在流露出短暂的哀伤之后，依然投入到了救灾的行列当中。

我的同事才旺拉巴，弟弟死后，他甚至不知道已被送去火葬，当他得知这个消息时，暗暗地把眼泪咽到肚里，继续投入到工作当中。这就是我可亲可敬的同事，他们在地震当中没有被悲伤压倒，他们知道救灾刻不容缓，建设新玉树刻不容缓。

我的上司韩永胜主任，从地震的第一天起就没日没夜地劳累，他睡在车里，吃在车里。作为一个撒拉族知识分子，他把玉树当成了自己的第二故乡。他把建设美好新玉树的规划时时刻刻地装在心里，来回地琢磨，眼睛熬红了，人累瘦了。他说，现在

这个关键时刻不容我们有丝毫的懈怠。

……

玉树，曾经美丽的地方！

玉树人，英雄的格萨尔王的后代！

在党中央的英明领导下，在全国各族人民的帮助下，我们有能力在这片废墟上重新站起来！

生命极地上的英雄群像

——灾后重建中的玉树干部群体素描

古 岳

我查阅过多部汉语词典对“英雄”两个字的定义，发现每一部词典里的解释都有细微的差别，但基本的含义不外乎这样三层：不畏艰险、奋不顾身、为人民的利益而英勇斗争。

——题记

再一次到玉树之前，我拟定了一个计划，想采访一个具有典型意义的人物。他可以是一个普通的玉树人，但却经历了“4·14”地震之后每一个艰辛的日子。地震时，他可能就待在自己的家里，顷刻之间，家园被毁，亲人被埋在废墟里，自己也已遍体鳞伤，肋骨断了，腿瘸了，但他已经顾不上自己的悲痛了。来自祖国四面八方的救援队伍已经抵达灾区，轰轰烈烈的救灾战斗已经全面展开，随后，一场史无前例的灾后重建就开始了。他甚至没有来得及抚摸一下自己的伤口，便与身边的乡亲们一起立刻投入到抗震救灾和灾后重建的战斗中。他在这500多个日日夜夜的非常经历当是一曲感天动地的悲歌。坦率地讲，在心里我早已经圈定了很多个这样的人物，他们的名字从震后的那一天开始就一直在神州大地上到处传扬。

可是，当我真的到了玉树，在那片令人揪心的土地上一次次穿行，并在帐篷林立中邂逅一个个鲜活的生命，与最近500多个日子他们在玉树的人生片段相遭遇时，我犹豫了，我无法取舍。从9月15日到24日的10天时间里，我随时都置身于一大群日夜拼命忙碌的人中间，而他们的身后还有一个更为庞大的人群……虽然，我不能一一叫出他们的名字，但却并不感到陌生，都很亲切，好像我们相识已久。

他们都有一个统一的名字，叫：灾后重建者。

极　地

灾难让一群原本普通平凡的生命成为了英雄。从家园废墟上爬起来之后，他们就已做好了就义赴死的准备。

我是9月15日早上抵达玉树的，出机场之前，我抬头望瞭望天，便看见一轮中秋的月亮还挂在上巴塘西面的天空，边上还飘着一朵淡淡的云彩。但是，阳光还没有照彻大地，东面下巴塘的山头上笼罩着一层厚厚的云雾。出了机场，行驶在宽阔平坦的出港公路上，还没等我开口，开车接我的师傅青美索南就说，这几天一直在下雨，今天的天气不错啊。

是吗？我应了一声，眼睛却一直盯在这条公路上，希望能在路边上看到点什么，具体是什么，我也说不清楚。这条不长的公路和它尽头那个不大的机场，在去年4月的那场地震中威名远扬，许许多多无辜的生命因为它的存在而幸免于难。那些穿梭不息、拼命营救呼号的身影仿佛还在眼前。这时，车已经拐进那个峡口，我知道前面就是西杭了，因为是重灾区，这个芝麻大的地方曾经牵动过无数人的心。

但是，此时此刻，我的脑海中却浮现出一个人影，他站在没膝的泥水中，头上、身上被滴水的泥浆糊了一层又一层，腿上已经多处受伤，但他还像一座雕塑般挺立着，已经嘶哑的声音还在焦急地呼喊，双手和两条已经僵硬的胳膊还不停地打着手势……玉树的4月，乍暖还寒，河水冰冷刺骨。每一个路经此地看到他的人无不为之动容。过往的车辆已经越来越多、越来越拥挤，他的眼里已经只剩下车流了。

第一支救援队顺利通过了，同时抵达的还有省委书记和省长带领的救援车队，随后，总书记和总理的车队也从这里经过……车轮滚滚，车水马龙，一支又一支的车队都从他身边经过了……

那是震后第四天的下午，当国家交通部部长李盛霖路过这里看到他后，特意停车，走到他跟前说“你辛苦了”时，他麻木的神经好不容易才挤出一个简单的笑容，他甚至没有留意到部长两眼的泪光。他已经在这个地方站立了整整四天四夜，几乎没有吃任何东西，甚至没顾上喝一口水——尽管，他一直就站在肆虐的河水里面。有那么些时候，他站着站着就睡着了一会儿，这样的情景出现过好几次。

他叫桑丁，玉树县交警大队大队长。那天早上的头半个小时里，他和其他战友一起已经从废墟中成功救出了3个人的生命。之后，他和玉树藏族自治州交警支队副支队长杨东凌一起受命去打通机场公路，这条公路的西杭段已经在地震中被巴曲河水冲毁。这是一条重要的生命线，能否保证畅通关系重大。大约在9点左右，他们就已抵达现场开始抢修。幸好，附近一个工地上有两台装载机，经过三个小时的抢险修复，11点20左右，路就通了。这时，第一支救援队就要飞抵玉树了，杨东凌接到命令去机场接引。桑丁就留在那里疏导交通。

这时，车已经驶过西杭，正在穿过结古的街道。车过西杭时，我并没有看到那个雕像般的身影，那个身影在我心里。车窗两边，熟悉的结古已经不复存在，一片片新落成的民居和一幢幢拔地而起的高大建筑告诉我，这里很快将变成一座崭新的城市。但是，我却依然在回望西杭，我想，那个叫桑丁的人肯定还在结古的某个地方挺立着，只要他还活着。

这只是玉树救灾现场的一个角落、一个片段，每一个细节都不忍回眸。现在，它已经是一个正在慢慢愈合的伤口，不忍触摸，想想都会心痛。

当2011年9月20日下午，我再次从杨东凌的讲述中，回想起那一幕时，离当时已经整整过去了500多个日日夜夜。有道是，男儿有泪不轻弹。可在过去的500多个日日夜夜里，杨东凌这条硬汉一想到那一幕幕画面就止不住热泪横流。

记得在抢修道路时，还有不断的余震。一次余震过后，旁边一栋三层楼房轰然倒塌，里面还有人的喊叫声，他们就堵住几个司机一起去救人，可是，那预制板就是抬不起来。又喊来一台装载机帮忙，等抬起预制板时，人却已经死了。“一个大活人，眼睁睁地看着就死了，就是救不了。”说这话时，杨东凌扭过头去，停顿了一下，回过头来时，他已是满脸的泪水。

那天下午，我原打算是去采访州公安局副局长、交警支队支队长王成元的，他是第四届全国“我最喜爱的人民警察”特别奖获得者，是“全国公安系统二级英雄模范”。早在2007年，王成元因患胃癌，三分之二的胃被切除。之后的3年里，他先后做过8次化疗。地震后，一直坚守前沿阵地，有几天几夜都在马路上，后来的半个多月里，每天能睡上两三个小时就算很多了。他性子急，什么事都要马上干，全忘了自己是个病人，熬不住时就大把大把地吃药止痛，结果有三次晕倒在马路边上。有一天，他对老杨说，我可能就过不去了。老杨劝他休息一下。他说，这个时候，能休息吗？不能啊！对这样一个人来说，永远都有比接受采访更为紧急重要的使命要去肩负和完成，我只好找他的副手杨东凌了。

此次玉树之行，我在玉树灾区采访了上百个重点人物，杨东凌只是其中之一。我之所以选取老杨和他所在的这个集体来展开叙述，不仅因为这是一个英雄的集体，还因为这个集体在整个玉树灾区具有代表性和典型意义。从他们每个人的身上，我们都可以看到所有玉树人在这样一个特殊的环境和时间段上所表现出来的一种精神品质。他们原本是一群普通和平凡的生命，但正因为他们的普通平凡，我们才发现它背后的故事里有太多的意义值得仔细解读。

老杨是一个清瘦的高个子，看上去该有五十多岁了，眼睛红红的，像是刚刚哭过的样子。在那间狭小的板房里坐定之后，他一开口，我就知道，玉树的这个下午将有泪雨滂沱。他的语速很慢，每讲一个字，他好像都要让它先在心里停留片刻。因而，他的讲述听上去似乎很平静，但是，听着听着，你就能感觉到，那每一个字上都淌着泪、滴着血，很烫。

玉树交警支队并不是一个很大的队伍，下面只有两个直属大队，清水河大队担负着214国道的交通管理任务，玉树县大队则负责维持结古地区的交通秩序，还有一个车管所，管辖1294公里国道线和结古镇12.8公里街区道路。震前的全部警力只有46名。震前，结古地区全部车辆也只有3400辆。震前的结古是一个悠闲安逸的高原小镇，交通状况也如此。可是，一切就在那一天里突然改变了。当天下午，结古震区12.8公里的道路上一下挤上了3万多辆车，到处被挤得水泄不通，交通秩序混乱之极。巨大的压力都放在了他们几十个人的肩上了。

到今年7月份，不包括摩托车，行驶在结古地区的机动车辆已经达到6.9万多辆，是震前的20余倍。为了应对和缓解这突如其来的交通压力，结古镇区道路已经延长到49.7公里，还先后两次从零就业家庭中招录了150名协警员——有不少是女性，加上外援，辖区警力增加到200多名，还忙不过来。所有的人都意识到，抗震救灾、灾后重建，什么最难？交通最难！

老杨说，他们的灾后重建从那一天下午就已经开始了，而且，任务越来越繁重艰巨。到当天下午两点半左右，全支队所有民警都已取得联系，几乎所有人都是从废墟里爬出来的，有好些人还是从倒塌的房屋底下钻出来的，还好，虽然有不少受伤的，但没有一个人死亡。

张飞，普通民警，在支队做文秘工作。自己的家在地震中被夷为平地，4岁的小女儿被埋在废墟里，丢掉了生命。15日上午也赶来支队报到，先是抱着队友们哭了一会儿，然后，就执意要求出勤去疏导交通，这是当时最紧迫的任务。他说，他不敢回家。说着，老杨再次扭过头去抹眼泪。

张克勤，普通民警，因为车祸，下肢残疾，行动不便，也要求出勤。队上让他穿上制服，站在一个地方，给过往车辆指指路

就行。第六天，老杨见到他时，他正瘸着腿引导车流，浑身上下全是土，嘴上一层血泡，嗓子全哑了，已经喊不出声音。老杨给他要来了两个口罩，他不要，说戴着口罩，更喊不出声音了。

那天，民警王森正在红卫路值勤，一个受伤的孕妇要送机场，可路已经堵得水泄不通了。他就站在路中间面朝拉孕妇的救护车，往后退，一边退，一边伸出大拇指央求司机们让让路，一直后退了3公里，才把救人的车给送了出去。护送伤员的红十字会的医生事后给老杨说，如果没有这个民警，这个孕妇和她的孩子都没救了。

有一天，来了一批救灾物资，有40辆车，堵在新寨过不来。下午5点，王成元、杨东凌前往接引，晚上11点才接上，他们就下车疏导。这时，他们已经一天没吃东西了。老杨离王成元有三四辆车的距离，老杨一边忙着疏导交通，一边回头看了一眼王成元，他担心他的身体。他看见，王成元的手举起来了，刚要松一口气，可那只手停在半空中没有放下来。老杨心里一惊，赶紧向那里挪去，但是，王成元已经晕倒在地。在别人的帮助下，把王成元弄进车里后，老杨对他说，我们先把你送医院吧？“先把车队送到赛马场。”王成元的语气没有丝毫商量的余地。那已经是第七天的午夜，老杨一辈子都没给自己的父母洗过一次脚，但那天晚上，他特别想给王成元洗个脚，他的脚肿得已经脱不下鞋子了，可是条件不允许，他们已经七天没有洗过脸了。

张鸿宾，副支队长，地震时，在西宁住院，听到地震的消息，连出院手续都没来得及办，就开车赶回了玉树。到玉树后，连家都没回就到队上领任务。他的家已经全塌了，他连问都没问一声。

永措，震后新招录的女协警员，一个月才给500元。那天，她正在新开的北环路值勤，老杨路过那里时问她，援建玉树的央企正在招人，一个月给两千多，为什么不去报考？永措说，玉树正在重建，我抬不了砖，也抬不了水泥，身为玉树人，能为玉树重建尽点力，就是一分钱不给我也愿意……

“我当时眼泪就下来了。”说着，老杨又扭过头去抹眼泪，那天下午，老杨的眼泪一直没有断过。他说，原以为重建开始后压力会小一点，没想到压力更大了。路边搭满了商铺，路窄了，车多了，清理废墟的车辆要出去，拉运物资的车辆要进来，一堵就是几个小时。而且，从去年7月份开始，为了打通震区所有的道路，部分路段开始封闭，南环路和北环路两条新的道路也开始修建。这是一个尖锐的矛盾。这意味着结古地区原本已经拥堵不堪的交通要面对更大的压力和更严峻的挑战。可以说，但凡行驶在灾区的每一辆车都担负着重要的任务和使命，都与灾后重建有关，都是为了保障灾后重建的顺利进行。怎么办？拿什么来支撑玉树灾区的交通呢？惟一可以依赖和凭借的也只有他们这支原本就很薄弱的力量，一群已经疲惫不堪的血肉之躯。但是，他们别无选择，这个时候，他们惟一可以做出的抉择就是豁出老命去勇敢担当。要不，整个玉树就动不了啦，玉树的灾后重建也就无从谈起。

今年8月，结古地区所有的道路都已打通，几条新建的道路也已贯通，玉树的灾后重建得以顺利推进。“为灾后重建提供交通保障，我们做到了。”停顿了好一会儿，老杨平淡地说出这几个字时，我感觉，他仿佛只剩下说这几个字的那点力气了。

虽然，对很多人来说，那场地震正在渐渐变成一个记忆，但是，对老杨、王成元和桑丁们来说，某种意义上，那场地震依然在继续。因为，很多人来过之后又走了，还有很多人走了之后又来了，而他们却一直在这里坚守，每一个日子都与地震那天连在一起，片刻不能间断。每过一天，他们都觉得自己比别人多活了一天，一丝一毫、无意间的任何一个举动都会使他们记起撕心裂肺的情景。不仅因为职守之所在，还因为他们原本就是玉树人。有那么多的亲人就在一刹那间没有了气息，没有了生命，从四面八方赶来玉树救灾救援的那么多好心人中，有不少人也为他们献出了宝贵的生命，永远回不了家了。而他们还活着，他们还有什么不可以奉献？震后，很多人都说，活着是一件多么幸福的事情，可是，那幸福却压得他们透不过气来。面对成千上万远去的死难者和那些救援者，除了拼命地奔忙和操劳，他们还有别的选择吗？所以，他们中的每一个人把每一天都当成了最后的一天，不分白天黑夜地忘我工作，仿佛只有将自己的体能和精力都完全耗尽了才会感到一点踏实和安慰。所以，自打从废墟里爬出来的那一刻起，他们就一直在拼命，如果需要，他们每个人随时都准备着献出自己的一切。

这是义无反顾的决绝，它已经超越了爱心层面上的光荣；这是就义赴死的自觉，它已经闪耀着人性意义上理想的光芒。这是一种非凡的精神。

我查阅过多部汉语词典对“英雄”两个字的定义，发现每一部词典里的解释都有细微的差别，但基本的含义不外乎这样三层：不畏艰险、奋不顾身、为人民的利益而英勇斗争。

他们已经具备了这样的品质。但是，在玉树，在那片生命的高地上，不止他们才具有这样的品质，他们只是其中一支很小的力量。在那个无畏勇猛的庞大队伍中，王成元和老杨他们只是一支小分队，还有成千上万普通的生命和无畏的勇士与他们一起并肩战斗。

他们中既有来自中央企业和北京、辽宁等地的援建队伍，也有省内各州地市的援建队伍，更有玉树州属各系统、各单位和所辖六个县的广大干部群众。玉树州仅在结古地区就设立了十一个灾后重建建设委员会和一个过渡安置管理委员会。参与灾后重建的省内外各援建企业施工人员超过6万人，全州参与重建的藏族群众超过14万人次。仅专事重建质量监督的人就有25785人，分布在6县19个乡镇所有的施工点。这是一支世界上绝无仅有的重建大军，他们几乎每一个人都有着和王成元和杨东凌他们一样艰辛的经历。

迄今为止，这是人类在高原高寒地区开展的最大规模的灾后重建工程。

结古镇的重建规划面积只有12平方公里，灾后重建投资规模超过300亿元，但是，需要安置的人口却在14万人以上。重建规划区内的最大高差达到272米，坡度大于5%的建设用地占规划总面积的56%，土地零散，结构复杂，设计施工的难度很大。加之，整个重建区都处于三江源国家级自然保护区内，生态环境保护与实施建设的矛盾十分尖锐。而且，几乎所有的建筑材料都需要从外地拉运，大型建材运输车辆从西宁到玉树需要行驶50个小时以上，西宁、海东每吨约340元左右的水泥运到玉树后的价格达到700元以上。中铁二局承担的一个农村住房建设任务中，为了保障建材运输道路畅通，投资400多万元，用了60天时间才修通这条公路。玉树还是全国惟一没有大电网覆盖的自治州，全州还有199个行政村不通电，能源紧缺、电力没有保障，也给灾后重建增加了难度。

现在，玉树灾后重建第二年的工程也已接近尾声，全州39149户农村住房和城镇居民住房重建项目大部分已经竣工，具备入住条件。近700个重建项目陆续开工建设，数百个项目已经建成使用。

如果没有国家力量和民族力量的支撑，在这样一个地方进行如此大规模的灾后重建是难以想象的。如果没有国家力量的支撑和祖国各地的八方支援，它为之付出的代价也肯定会更加惨重。大难中的玉树无疑再一次见证了国家的力量和中华民族的凝聚力。当然，也感受了身在这个大家庭的无比的温暖。

世所公认，玉树抗震救灾的伟大斗争无疑创造了人类救灾史上的许多奇迹，玉树的灾后重建更是史无前例的伟大创举。人类历史上已经发生过无数次大地震，与很多地震相比，玉树地震甚至算不上很强烈。但是，此前，在整个人类的记忆里，从来没有过在海拔4000米以上地区抗震救灾和灾后重建的经历。一次也没有。所以，青海省委书记强卫说，玉树的灾后重建“条件之艰苦、困难之多、矛盾之复杂世所罕见”。

玉树地处号称地球第三极的青藏高原腹地，震区和灾后重建区的平均海拔都超过4200米，空气含氧量不足海平面的二分之一，年平均气温只有零下0.8摄氏度，只有冷暖之别，而没有明显的四季之分，全年相对温暖的季节不足6个月。由于高寒缺氧，生存环境恶劣，玉树地区人群机体病变率高达98%，人平均受命只有60岁左右，比中国内地低出10—15岁。

这里六月飞雪，这里是雪域。

这里的每一个生命都曾经历过无法想象的苦难和跋涉。

这里多灾多难。近20年间，这里所发生的每一次灾难，我都曾经历。每一次从玉树的灾难中回来，我都有大病初愈抑或死而复生的感觉。

这里是生命的极地。

极　限

大难见证了生命的珍贵与顽强。他们用大爱诠释责任，用热血书写使命。

在玉树的头几天，我住在巴曲河边的一间板房里，地上铺着混凝土砖块，砖块与砖块之间挤得很严实，几乎没有什么缝隙。可是，一住下，我就发现，有几株青草竟然从那砖缝里钻出来，顽强地生长着。它提醒我，那里原本是一片青草地，它连着无边的玉树大草原。后来，我又换了一个地方住。搬出来之前，我又特别留意了一下那几株青草，只几天时间，它们就已经长得很高，靠板墙的两三株差不多有半米多高了。之后的日子里，那几株青草一直在我的心里摇曳。当然，和它们一同在心里摇曳飘荡的还有无边无际的苍茫碧草，大风刮不倒，大雪也压不垮。草原牧草是生命的根，只要草原还在，它们就会迎着风雪顽强挺立。

第一眼看到索南拉毛时，我感觉，她就像一株生长在砖缝里的青草。瘦弱、娇小。她是扎西科建委会的打字和统计员，今年26岁。去年7月自愿要求到建委会工作之前，她刚被招考到杂多县草原站，有了一份工作。18岁时，索南拉毛就失去了父母，一个人靠打工来拉扯4个弟弟妹妹，养活他们，还供他们上学。后来，在北京一个好心人程奇的帮助下，她读完了大学。记忆中，她已经很多年没吃过肉了。到建委会的时候，她正怀着孩子，已经9个月了。

但是，眼前的一切让她无法顾及身孕，更别说是自己的身体了，整个建委会所有文字材料的电脑打字以及灾情调查的电脑统计图表都由她一个人来完成，还要建档案、发放物资……每天都有忙不完的活。12月2日，孩子生下来之后，别说产假，连月子都没坐就背着孩子来建委会上班了。可能是因为临产期一直坐在电脑跟前的缘故，加上自己劳累过度，营养不良，孩子生下来时只有两公斤，而且，发育不良，身上到处是绿色的斑点。自己的体重也只剩下不到45公斤，下降了整整11公斤，六七月间，还晕

倒过两三次。因为身体虚弱，加上休息不了，她现在常常感到头晕、头痛、手脚麻木。

但是，那天在扎西科建委会的那间板房里，她向我讲述这一切时，她为自己所做的这一切而感到无比地开心和自豪。她说，有那么多好心人帮她度过了人生最艰难的岁月，她做梦都想自己也能有机会帮帮别人，把自己感受的人间温暖也传递一点给他人。她把自己的这一段经历说成是神仙般的日子。一个柔弱的女子用这等慈悲演绎着爱心。

和索南拉毛一样瘦弱的还有桑丁秋达，扎西科建委会德秀格社区主任、玉树县上拉秀乡副乡长。地震时，床边的衣柜倒下来压在他和妻子卓玛的身上，救了他们的命。从自己家里跑出来时，他们首先想到的是放在老人身边的一双儿女，就径直向丈母娘家奔去。儿子没事，但1岁的女儿却压在废墟里。女儿挖出来了，但是没有气息，身为医生的妻子对着女儿的鼻子呼气吸气，女儿哭出来了。

那一刻，桑丁秋达觉得，他是世界上最幸福的人了。可是，也就在这个时候，桑丁秋达清醒地意识到，并不是所有的家庭都像他们一样幸运，他们一家人都逃过了一劫，但是，有许多家庭都在那一瞬间里失去了亲人，有许多无辜的生命还埋在废墟里生死未卜。他得去救人！这是人性的两个层面，自然意义上的桑丁秋达为女儿的获救庆幸，而社会意义上的桑丁秋达却必须去肩负生而为人、救人生命的义务。于是，一个原本普通的心灵里就装满了人间大爱。

隔壁邻居就有四个孩子和一个大人还埋在废墟里。他和另一个亲戚一起在那里先用手刨、后来找到两把铁锹挖，4个小时后，四个孩子和一个大人都被挖了出来，其中三个孩子获救。在救出第三个孩子时，一堵墙倒了下来，砸到桑丁秋达的左腿上，当时，没顾上去看，后来抽空去医院时，才发现他左腿已经骨折，当时就打了石膏，然后，他又去救人了。以后的几天里，他一直在救人，救人，救人！第三天，他给乡上打了个电话，得知加吉娘生态移民点灾情严重，急需救援。他就奔赴加吉娘救灾，当时，那里的死亡人数已经超过80人。那时，已经有大量救灾物资运抵玉树灾区，他就在那里一边登记接收，一边把那些救灾物资发放到灾民手中。之后，他感觉，自己在一直不停地发放救灾物资、调查灾情、安置灾民……

一个月后，又转战扎西科管委会德秀格社区，一个抗震救灾的临时基层组织，11名来自全州各地的工作人员和15名社区老党员组成的一个临时党支部，就是这个团队的全部力量，桑丁秋达担任社区主任和党支部书记，就更忙了，白天黑夜都在救灾点上。紧接着，灾后重建又紧张地开始了，管委会变成了建委会，但他还是德秀格社区主任和党支部书记。德秀格作为统一规划、自行建设的一个社区，与统一规划、统一建设的社区相比，还多了一项施工建设的任务。

经过一年多艰苦卓绝的努力，到9月初，德秀格社区2700人、525户居民房重建工程，除了有几户的房址因为牵涉到整个结古地区的临时供水管道而无法修建之外，已全部竣工，无论工程进度还是工程质量，在整个玉树重建区都堪称典范，那是桑丁秋达和他带领的社区团队用心血和生命完成的一个工程，为此他们付出了高昂甚至惨重的代价。

这种代价里甚至还不包括他们点点滴滴的无私奉献，譬如，桑丁每个月3700多元的工资，地震后的一年多时间里，一分也没给家里，全贴到救灾和灾后重建的工地上了。桑丁秋达说，卓玛昂姿是个好妻子，尽管自己家里也不宽裕，一家人住在一顶12平方米的帐篷里，但她从来没问过他的钱都到哪里去了。而且，还经常让他把分给家里的救灾物资送给那些孤寡老人，说比起他们，我们还是好过一些。去年10月，卓玛从桑丁秋达的言谈中觉察到，社区里有些孤寡老人非常需要帮助，就给他发来一条短信："需不需要给他们送些米面和油？"尽管只有短短13个字，但是，桑丁却像是自己得到了无私的帮助一样，感到无比温暖。随后，他们就给那些老人送去了15袋面粉。

对桑丁秋达来说，过去的一年多时间是漫长的。因为灾难，记忆总是要回到最初的那一刻，一遍又一遍地重复那一幕幕不忍回眸的悲惨经历，它切割着他的生命，撕裂着他的心灵，那种刻骨铭心的疼痛使他须臾不得安宁。有很多时候，他怀疑，此生自己还能否走出那场地震带给自己的阴影。他想，也许只有燃烧自己的生命才能驱散那阴霾。

这一年又是短暂的。因为抗震救灾和灾后重建，即使把自己全部的生命都投进去，不要有一分一秒的浪费，还是觉得时间不够用。虽然，分身乏术，但是，有很多时候，人们仍然感觉原来的那个桑丁秋达已经变成了许多个人，几乎是在同一时刻奋战在很多个不同的地方。人们刚刚还看见他走进了灾民的帐篷里，一会儿又见他出现在灾后重建的施工现场……

2010年9月，桑丁秋达的身体不时地亮起红灯，便血、腹痛、脸色暗黑、形销骨立，原本并不健壮的身体看上去更加瘦弱了。2010年11月15日，桑丁秋达积劳成疾，最终累倒在了重建工地上。桑丁秋达被查出患有肝硬化。2011年4月24日，住进省第四人民医院。德秀格社区很多老人得知他住进医院的消息后说，他们每个人每天都要念诵一万遍嘛呢，来为他祈福。

早在今年5月份，我就开始采访桑丁秋达。当时，我接到玉树州委的一个电话说，有一个玉树的干部累倒在灾后重建的工地上，已强行送到省第四医院治疗。放下电话，在去医院的路上，我就想，第四医院是一家传染病医院，我要见的这个人会是个什么样的病人呢？

我找到了桑丁秋达，一个清瘦英俊的康巴汉子。之后，与他进行过多次长谈。因为病痛，他脸色已经发紫发黑。说话间，他得不时地停下来歇息和喘气，所以，每次的谈话都显得很困难，有时候，我感觉，他已经没有力气说话了，就打住，让他休息几天再继续我们的谈话。我让他在有力气说话的时候给我打电话，但是，有几次，等了好几天才会有他的电话。我才知道，他得歇上好几天，才会攒够力气，和我有一两个小时的交谈。

还记得，那天下午，到医院之后，我才想起忘记问病人的名字了。但转念一想，一个玉树下来的病人，应该很好打听，就直接去病房找医生。可是，这一问，却把我吓了一跳！整个第四人民医院所有的住院病人中几乎有一小半都是玉树下来的，都是累倒在重建现场的，而且，几乎都是肝病，乙肝或者肝硬化，都是重病号。

也许正是这个发现，使我一直不敢动笔写桑丁秋达这个人，至少我得专门去一趟玉树，就把桑丁秋达的事暂时放下了。此前，在和许多来自玉树的朋友们的交谈中，我已经意识到一个严重的问题。那就是许许多多的玉树人不但在地震中遭受了巨大的财产损失，付出了生命的代价，而且，更要命的是，还有许许多多的玉树人在震后的抗震救灾和灾后重建中，已经和正在付出更加昂贵和惨重的代价。

很多人因为过度劳累，生命已经严重透支；很多人因为过度疲惫，精神已经处在崩溃的边缘；很多人因为高度紧张，生理和心理都已经出现严重的问题；很多人在震后繁重任务的巨大压力下，正走近生命的极限。

这是一个不容忽视的严峻现实。

到玉树之后，我所看到的一切，在某种程度上已经证实了我的判断。我在前面已经写到，玉树是生命的极地。因为自然生存环境的极端严酷，在这里，所有的生命既呈现顽强的一面，也无法掩饰它的脆弱，人也不例外。

2011年初，玉树州672名干部在青海高原心脑血管病医院的体检结果显示，全州30岁以上干部职工程度不同地患有高原性心脏病、高原红细胞增多症、高原性肺水肿、高血压、风湿性关节炎、肺心病等疾病，且发病率高。年龄超过45岁的干部职工，许多人因为健康状况恶化，过早地丧失了工作能力，不得不离岗休养。尤其是血生化超正常值人数比率过高，位居前三位的是血甘油三酯、血谷草转氨酶、总胆固醇，极易诱发心血管系统疾病、痛风、胆石症、肾结石、冠心病、原发性高血压和肝脏疾病。

究其原因，据医学专家分析：“主要是地震后各级干部的心理压力加大，工作、生活节奏加快，社会环境复杂，居住环境恶劣，精神高度紧张且得不到及时疏泄，导致大脑皮层与植物神经功能紊乱，患原发性高血压、心脏病、脑出血、胃肠炎、溃疡病，糖尿病的人数明显增多，干部健康状况令人堪忧。”

不仅如此，玉树地震之后，从抗震救灾到灾后重建，截至2011年9月底，玉树州已经有20名在职干部倒在了工作岗位上，以身殉职，为抗震救灾和灾后重建献出了宝贵的生命。其中，县处级干部3名、乡科级10名、一般干部7名。这还不包括玉树州以外来自青海省内和全国各地为玉树献出生命的人，这一份名单至少也可以列出好几位，譬如、青海的杜金玉和段磊，香港的阿福。

这在整个人类的救灾史上也是极为罕见的一个特例。这里仅列举玉树州以内的这一份亡故英烈名单，让我们铭记这些人的英名，立此存照：

韩慧英，女，藏族，1961年11月生，青海玉树人，大专学历。1993年4月入党，1979年7月参加工作，玉树州卫生局党组成员、副局长，玉树州人民医院党委书记、院长，主任医师。2007年8月任副县级、现职。患有敏性紫癜、高血压、心脏病，因过度劳累导致病情恶化，于2010年8月23日病逝。

公保才仁，男，藏族，1963年6月生，青海曲麻莱人，大专学历。1986年11入党，1980年7月参加工作，玉树州公安局副局长（正县级），2000年9月任现职，2009年3月任正县级。因静脉大出血，于2010年12月1日病逝。

桑昂，男，藏族，1954年7月生，青海称多人，大专学历。1981年10月入党，1971年7月参加工作，玉树州检察院调研员（曾任副检察长），2009年8月任现职，2002年1月任正县级。因突发心脏病，于2011年8月6日病逝。

普布求然，男，藏族，1979年2月生，青海玉树人。大专学历，1997年12月参加工，玉树县下拉秀乡政府科员。2010年10月因脑肿瘤医治无效病逝。

吕耀忠，男，土族，1966年6月生，青海民和人。大专学历，1986年11月参加工作，玉树县公安局副主任科员。2011年5月因心脏病突发猝死。

拉阳，女，藏族，1971年3月生，青海玉树人。大专学历，1990年7月参加工作，玉树县三完小医师，2011年3月因风湿性心脏病、高血压、心肌梗塞病逝。

拉巴卓玛，女，藏族，1973年2月生，青海玉树人。大专学历，1998年7月参加工作，玉树县哈秀乡寄小老师。2011年5月因突发脑溢血病逝。

孙志峰，男，藏族，1971年9月生，青海玉树人。大专学历，1991年7月参加工作，为玉树县驻宁办事处干部。2011年6月因突发脑溢血病逝。

卓尕，女，藏族，1979年11月生，青海玉树人。大学学历，2001年7月参加工作，玉树县二民中老师。2011年6月因心肌缺血、脑供血不足医治无效病逝。

尕玛扎西，男，藏族，1965年6月生，青海玉树人。初中文化，1987年3月参加工作，在玉树县政府办公室工作，2011年8月因肝肿瘤医疗无效病逝。

伊西成林，男，藏族，1949年9月生，青海称多人。大专学历，1986年6月入党，1974年12月参加工作，称多县文教局教导室主任科员。2011年1月4日因患胰腺癌医治无效病逝。

仁增，男，藏族，1954年8月生，青海称多人。初中文化，1968年1月参加工作，称多县公安局主任科员。

2011年5月因恶性肝硬化医治无效病逝。

老尼，男，藏族，1969年7月生，青海囊谦县。中专学历，1991年6月参加工作，称多县司法局副主任科员。2011年5月因肝癌医治无效病逝。

赵积贤，男，汉族，1972年7月生，青海乐都人。大专学历，1992年1月入党，1990年7月参加工作，杂多县一完小老师。2010年7月因突发心脏病病逝。

朱玉林，男，汉族，1972年10月生，青海民和人。大专学历，1993年11月入党，1991年7月参加工作，杂多县苏鲁乡政府副主任科员。2010年9月因突发心脏病病逝。

巴绕马格，男，藏族，1956年4月生，青海杂多人。中专学历，1984年7月入党，1979年8月参加工作，杂多县国土资源局副局长。2010年9月因心肌梗塞病逝。

昂文索南，男，藏族，1963年3月生，青海玉树人。大学学历。1995年3月入党，1979年11月参加工作，治多县委常委、县政府副县长。2001年12月任副县级，2006年9月任现职。2011年7月31日，因心肌梗塞猝死。

曲格，男，藏族，1964年5月生，青海曲麻莱人。高中文化。1999年10月入党，1984年11月参加工作，曲麻莱县曲麻河乡主任科员。2010年5月因肝癌医治无效病逝。

尕玛，男，藏族，1949年8月生，青海曲麻莱人。初中文化。1985年7月入党，1979年9月参加工作，曲麻莱县委党校副校长（正科级）。2010年8月因胃癌医治无效病逝。

孙德荣，男，汉族，1958年8月生，青海湟中人。

大学学历。1982年7月入党，1985年7月参加工作，曲麻莱县委党校副校长（正科级）。2011年3月因肝癌医治无效病逝。

这份名单来自一份《玉树“4·14”地震发生后因病死亡干部职工情况》的文件，除了个别字词的校订之外，我未作任何改动。

其中每一个人的事迹都可以写成一篇催人泪下的文字。但是，即使我能这样做，也不想、不忍、不能在这一篇文字中逐一叙述他们的故事，因为要面对这么多亡者一生的突然终止，要面对他们最后用热血写就的人生结语，需要过人的胆气和心力。我担心自己会因为心力交瘁而无法完成这样一篇超拔卓绝的文字。

即便如此，我也断不能就此别过这些亡者的英名，至少得有所停顿，来瞻仰。

就让我们瞻仰韩慧英吧，并为所有的亡灵送行！

玉树地震后，作为玉树州人民医院党委书记、院长的韩慧英，她的使命就是救人。在她的紧急部署下，地震当天州人民医院疏散患者、家属、职工500多人，无一伤亡。震后3天内，全院共救治伤病员3400多人，转运重伤员400多人。经过她的辛劳奔走，医院在短时间内恢复常规工作……

头两个多月时间，她一直住在又冷又挤的救护车上。她患有过敏性紫癜，对饮食很苛求，但是，那个时候，连饭都顾不上吃，哪还顾得上这些。6月底，韩慧瑛过敏性紫癜再度复发。7月初，多种疾病并发导致韩慧瑛出现昏迷状态，不得不转往省第四人民医院。一进院，她就被诊断为慢性重型乙型肝炎，肝脏出现衰竭症状。过度劳累是病发诱因，而且耽误了治疗时间。住院第二天医院就下了病危通知书，随后紧急转送北京治疗。去北京时，她不愿意，说是太远了。8月23日凌晨，韩慧瑛因抢救无效在北京去世。

韩慧英不是第一个，也肯定不是最后一个。

还可以肯定的是，上面这份死难者名单和牺牲人数也绝对不是最后的结果。

因为，玉树灾后重建的任务还远没有完成。玉树灾后重建的基本期限是3年，但是，因为高寒缺氧，每年的有效施工期只有5个月，所以，真正的施工时间只有15个月，还不足一年半。过去一年半时间的灾后重建可以证明，未来的重建任务依然非常艰巨。第一年100个亿的实物建设量，实际只完成了60多亿元的投资。今年要完成的投资量是200个亿，但是，直到9月底，实际完成的实物量还不足90亿元。截至9月底，灾后重建累计完成投资139.74亿元，与目标要求差距尚远。共1364个灾后重建项目中，实际开工项目还不足700个。尤以结古镇为中心的5531户城镇住房建设进展缓慢。地震过去一年半之后，结古地区14万受灾干部群众目前还在30多个临时安置点的帐篷里风餐露宿。

但是，在这样一个高海拔地区的严酷的环境里，这种重建速度已经是惊人的了，这种拼搏奋战已经是一个人的体能可以承受的极限了。

为了完成如此艰巨的灾后重建任务，他们必须争分夺秒，拿自己的生命与极其珍贵的施工时间和极端恶劣的施工环境抗争。重建队伍中还有一大批无畏勇猛的将士正在与死神面对面地交锋对决。对他们而言，玉树灾后重建的每一个日子和那片奇绝的高地就是一种命运。必须面对，无法逃避。

“抬望眼，仰天长啸，壮怀激烈。”这是岳飞的名句。

即使是战火纷飞的年代，一个人的英勇就义也是无比壮烈的，也重如泰山。而这无疑是一个和平的年代，虽然，灾后重建也是一场战役，但它毕竟是一次救灾斗争的延续，毕竟是一个实施建设的过程。在这样一个年代，竟有一群人为之献出了生命，这该是多么悲壮和震撼人心的事啊！

而且，事情还远没有结束。也许还会有不少人在这场史无前例的灾后重建中献出他们宝贵的生命。他们中很多人的行为就像是随时准备着就义赴死。

那么，我们拿什么来告慰这些英灵呢？

那么，我们又拿什么来面对这些无畏的勇士呢？

极　致

家园的重建与精神的涅槃——这是一个特别的故事，所有出场的人都是主角。这是一场特殊的战役，所有的参与者都是英雄。

抵达玉树的第一天，我一整天都没有出门。我一直在那间狭小的板房里来回踱步。记忆中的结古已经不复存在，我害怕出门。我不知道出门以后该去哪里。我害怕看到面目全非的结古。

当晚，在食堂吃饭时，我见到了玉树州委书记旦科。

他建议我，先到那些建委会走走，去看看那些玉树的干部。他说，在这场世所罕见的灾后重建中，这些干部的表现也世所罕见。他们既要面对难以想象的精神和心理压力，还要面对艰巨繁重的重建任务，承受无法想象的体能和生理压力。但他们从未有过丝毫的迟疑和懈怠，始终以昂扬向上的姿态和饱满的精神状态鞠躬尽瘁。玉树灾后重建工程浩大，千头万绪，群众工作是一切工作的基础和前提，拿什么来支撑这个工程，就是干部。在整个重建过程中，只有想不到的事情，却没有干不了的事情，所有干部的表现都可敬可佩，是我们这个时代最可爱的人。有时候，我们的很多干部可能会因为自己多吃了半碗饭、多睡了半个时辰觉而欢欣鼓舞，那不是因为自己的胃口和身体，而是因为这样，就意味着他们将有更多的气力和更充沛的精力投入到灾后重建当中。

放下饭碗，旦科说，当晚他还要召开一个重要的会议，准备一个重要的汇报材料，没有时间跟我长谈。但是，他还是提到了一些人的名字，说这些人的故事都很感人。他们是王玉虎、张国强、昂格、文国栋、东坝阿宝、白加扎西、吴德军、布达哇、仁青才仁……。尽管很匆忙，但是，他开出的这串名单已经很长。

那天夜里，凌晨两三点钟，旦科办公室的灯还亮着。之后的几天里，虽然我们还见过几次面，但每次都行色匆匆，没说上几句话。旦科是2010年6月28日就任玉树州委书记的，那时，地震刚刚过去两个多月，可谓是临危受命。从社会管理入手，在已经划定的19个片区的基础上，组织成立了11个管理委员会，下设若干工作组，直接面对群众开展工作。今年初，为适应大规模灾后重建的需要，又把管委会改为建设委员会，只保留了一个管委会，负责整个结古地区受灾群众的过渡安置。随后，又全面推行“一线工作法”，号召所有干部都到重建一线开展工作。这都是旦科到任以后与州委州政府一班人研究提出的工作思路。

有人这样评价旦科，如果每一个玉树人所承受的压力都已到了极限，那么，他所承受的是这些压力的总和。这压力有多重，只有他自己清楚。为了应对各种压力，他常常彻夜难眠。即使在梦里，也堆满了亟待破解的难题。

他让我先到建委会看看，自然有他的道理。建委会当下的职责是全力推进灾后重建，并为未来的城市管理摸索经验，等重建结束以后，所有建委会就可直接过渡到居民委员会或街道办事处。从这个意义上说，建委会是玉树灾后重建的核心力量，有1800名玉树干部活跃在建委会的各个角落。

从第二天，我就开始跑建委会。结古地区十一个建委会中我去了六个，还有一个管委会。先后采访了几十人，了解到上百人的动人事迹。这一年半的时间里，他们没有白天和黑夜，也没有节日和假期，只知道还有很多的事没有干完，而不知道，哪一天是星期几或是什么日子。

对建委会的干部来说，最难办的事是征地拆迁，这个任务完不成，重建规划就不可能落地。但是，玉树是个特殊的地方，这里没有经历过中国其它地方都曾经历的土地革命，以往所有土地的使用和交易依旧沿袭着古老的做法，很多人甚至不知道土地是国家的。所以，绝大多数已被占用的土地都没有土地使用权限，更没有合法的土地使用证明，尤其是那些牵涉到千家万户的宅基地。而且，户籍管理混乱，有的人既有城镇户口，也有农村户口，哪头的好事都沾上了。还有一些人家祖宗三代虽然不住在一起，但却只有一个户口本。一场地震使所有的房屋都夷为平地，很多人不仅在地震中失去了家园，也失去了可以立身安命的土地。灾情调查时遇到的一个普遍的问题就是，很多世代生活在玉树的人却拿不出可以证明自己曾在玉树有过家园的有效证据。

但是，灾后重建的规划已经敲定，所有的废墟都要清理，所有的危房都要拆除。尽管，灾后重建的规划已经充分地考虑了玉树的实情，也兼顾了所有受灾群众的愿望诉求，即使震前没有任何房屋的受灾群众，只要有人证明你就是玉树人，灾后重建中也会给你建一套85平方米的房子，而且，还会有土地使用证，还能保证绝大多数人的房屋肯定比震前要好得多。很多人还是不理解，他们原本有房有地，地震使房屋没了，可土地应该还在那儿的，为什么灾后重建使他们连土地都没有了呢？玉树是国家神圣的领土，也是他们热爱的家园。他们心里有家园，也有国家，只是他们从来没有仔细地想过，国家、土地、家园以及人群到底是个什么关系。

随着灾后重建的开始和推进，各种利益的纠葛使这个矛盾也日益尖锐。在锁定群众意愿和随后的征地拆迁中，参与玉树灾后重建的所有干部都挨过骂，甚至挨过打，可以说是忍辱负重了。虽然，在征地拆迁的过程中，先拆除的是领导干部的房屋，之后是普通干部的房屋，最后才是普通群众的房屋，但是，当拆迁这样的事轮到每一个人的头上时，依然有很大的阻力。建委会的干部们就一次次不厌其烦地家访，做耐心细致的工作，几十次乃至上百次、几百次到一户人家里做工作是一件非常普遍的事。群众能想到的所有事情，建委会的干部们都替他们想过几百次了，连搬家时的一些琐碎杂事也都为他们考虑周全了，建委会的干部们不仅自己掏钱雇来了车辆，还当搬运工，把每一件需要搬运的东西都小心翼翼地抬上了车，拉到了指定的地方，还对每一件东西都进行编号做了详细的登记。有些人家的东西比较多，没地方堆放，建委会的干部们先是腾出自己家的帐篷临时保管，放不下了，再另外找地方妥善保管。很多拆迁户群众从最初的坚决对抗到最后的自觉情愿，很大的程度上是出于一种感动。

我去的第一个建委会是扎西科，有66名干部日夜奋战在这里，他们来自玉树州各单位和除称多以外5各县的各条战线。他们中的每一个人都有很多感人的故事，譬如，仁增拉毛、焦海宁、格来永培、尼噶、刘伟、扎西卓玛……，当然，还有我在前面已经写到过的桑丁秋达和索南拉毛。

这里还有一个人，我不能不提到，那就是建委会党工委书记格来才仁。因为5岁的爱女在地震中丧生，他一夜白头，整个人都变了模样。但是，为了抗震救灾和灾后重建，他舍小家顾大家，一直坚守在第一线，拼命地工作、拼命地干活。可是那天，我一直没有见到格来才仁。后来才听说，我在和别人交谈时，他曾到门口看了一眼，但是，一转眼就不见了，再也没有找到。直到离开玉树，直到现在，我都一直惦记着这个人。

这该是个什么样的人呢？一个5岁女儿的父亲当是一个很年轻的人，一个如此年轻的父亲一夜白头，这该是一种什么样的煎熬呢？在这样一种煎熬中又是什么支撑着他一直战斗不息的呢？

在我采访过的建委会干部中，解放建委会党工委书记才仁文德是个非常有口才的藏族汉子，一口流利的汉语，一点也听不出当地口音。他身材矮小，还有点发胖，敦厚的肩膀上顶着一颗硕大的脑袋。说话时，两只布满血丝的大眼睛直直地盯着你，使你对他所说的每一个字都不容置疑。他对建委会所有的工作都了如指掌，说起和他一起并肩战斗的62名建委会干部时更是有血有肉、情真意切，只有在说到他自己时才有些躲闪甚至语塞。别人告诉我，他女儿因患骨癌，一直在医院里抢救，马上就要截肢了。但在几个小时的谈话中，他对自己和自己家里的事却只字未提。

他说，这些干部付出的代价是惨重的。很多干部因为长期回不了家，家庭已经出现矛盾；有些小伙子原本快要结婚了，可是到了这里，长时间顾不上婚事就吹了；有的干部父母病重，无法回去尽孝；有的干部夫妻两地分居，孩子没人照顾……这里很多人挤在一顶帐篷里住，洗不了衣服、也洗不了脚，不说臭气难闻，还长虱子。很多个夜里，他都看到一些干部挤在一起比赛抓虱子的情景。他听到的是他们的笑声，可他却想哭！他们可真苦啊！而这还是其次，更严重的是，经过这一年多超强度的劳累，所有干部的身体都已严重透支，现在绝大多数人都是带病坚持工作，去年身体还好好的一些人，今年就突然不行了。他们这个建委会60多名干部，目前没有一个人的身体没有毛病。“苦干三年，跨越20年”不是喊出来的，很可能是这些干部在三年的时间里透支20年的生命换来的。

诺布，玉树县城建局干部，建委会副主任，分管建设规划组，所有的规划都由他负责落实，一刻也不能离开。他患有胃病，因为一直没有时间治疗，病情不断加重，有一段时间倒下了，动不了了，就上午去打针，下午还坚持工作。

焦刚毅是一名普通干部，一直坚守在重建现场，他负责分管的住房建设任务已经全部完工。才仁文德让他到西宁休息一段时间，算是一种奖赏。但他不肯离开建委会，还要求到别的组去干活。

团结建委会在结古寺下面的山坡上。9月18日下午，当我走进他们的办公室时，有两个人正在一家一户地核对一些重建数据，那些数据，他们已经核对过上百次，还有问题。有一个人很眼熟，我就坐在他对面盯着他看。差不多有七八分钟时间吧，他一直在埋头干活，一直没有抬头看我一眼。我就起来在那板房里走来走去，看挂在墙上的那些奖状和图标，可能是我走动的声音惊扰了他，这个埋头干活的人才抬头瞪了我一眼。他认出我了。我们握手问候，然后，坐下说话。他叫索河，以称多县副县长的身份在这里担任建委会党工委书记，早在20年前我们就认识，那时候，他常常拿一些写给玉树草原的诗给我看。期间，虽然也有联系，但很少有见面的机会，近20年只见过一面，是在巴颜喀拉山麓的一个生态移民点上。第二次见面竟然是在这样一个时间、这样一个场合。

从2010年7月24日开始，他就在这里了，从没离开过。因为称多也是重灾区，参与结古地区灾后重建的干部中来自称多的人不多，他是其中之一。因为熟悉，就少了一些客套。他说："不敢说，我们做了多大贡献，但确实可以说是任劳任怨。一年多来，大家所承受的压力无法想象，我们建委会的53名干部也不例外。虽然还没有人累倒，但50%以上的人都有病，以前就有病的病情加重了，以前没病的已经出现了问题。"

"魏海岩，糖尿病，不行了调理一下又来。我给他说，你就不要来了，组织上我去说，但他不同意，一直坚持工作。"

"索江，肝上出了问题，很严重，到省藏医院住了一个月就回来了。这两天又严重了。"他说这话时，一个人走进来，坐在边上，脸色发青，眼睛黄黄的。索河看了他一眼接着说："他就是索江。"

我问他，你自己还好吧？"也不算好。"他淡淡地道。再问，他才说："我主要是缺钾，就害怕有个头疼脑热。上个月就感冒了，忙了一天，感觉不好，到援建单位上打了个针，回来了。晚上，想起来喝点水，却怎么也站不起来了。"末了，又说，"灾后重建迟早要结束，但是，结束以后，我们会怎样评价建委会的这些干部呢？"像是发问又像是自言自语。接着又是一个问题，像是前一个问题的回答："他们图个啥？你说，身体都没了，还能图啥？"

是啊，他们图啥呢？那天，我原本还想问索河一个问题，你还写诗吗？可是，在这样一个时间和地点，在这样一种精神状态下，我问不出来。他们在用生命为玉树写一首前所未有的诗。

红伟建委会党工委书记达哇扎西患有强直性脊柱炎，听说，这是一种只能控制而不能完全治愈的顽症。早在去年六七月就发现身体有问题，可一直查不出是什么毛病。一直吃止痛药来维持，结果，腰就直不起来了，到后来整个身子一点都动不了啦。从去年到现在，体重已经下降了20公斤。9月19日下午，我见到他时，他第三次住院治疗刚刚出来，省人民医院出具的入院诊断书上写着这样一行文字："强直性脊柱炎、3级高血压（极高危）、双侧肋骨陈旧性多发骨折。"据医生诊断，他在20年以前就得了此病，因为过度劳累致使病情复发恶化。现在，每隔15天他就得住院治疗一次，每次治疗的时间也是15天。也就是说，这个四十刚刚出头的人，后半辈子有一半时间是要在医院的病床上度过了。但他依然坚守在自己的工作岗位上。灾后重建的任务还没有完成，他离不开这里。

但是，他还能坚持多久，他自己也说不上。他说，已经有5个人因病无法继续工作离开了这个建委会。他们是达哇卓玛、赵文明、昂文才措、郑万里、蔡申清。他们中至少有两个人晕倒在现场，差点出事。郑万里的病和他有点相似，是椎间盘骨质增生，有人开玩笑说，他们两个背靠背站在一起时，刚好是一个"x"。带病坚持工作的还有很多人，有些人也已病得不轻了，他们又能坚持到什么时候呢？

尽管如此，但他们无怨无悔。达哇扎西肯定地告诉我，如果还有一次选择，他们还会选择建委会。只是太累了，有时候甚至也感到委屈，但他们都能想得通。"因为，我们选择了这里就是受气的，就是挨骂的，我们不受，谁受？老百姓还有发泄怨气的地方吗？"

"我们都有一个梦想，"达哇扎西停顿了片刻，郑重地说，

“等重建结束以后，睡上三天三夜。”是的，没错，他说的就是“梦想”。此前，我从未听说过，睡上一觉会是一个梦想。你能想象，他们有多累吗？不过，也有人担心，他们要是真的能睡上三天三夜，说不定会醒不过来的。

“玉树重建看结古，结古重建看西杭。”这句话在结古算得上是一句流行语。西杭建委会肩负着1321家有房户近8000人、1023家无房户和367家个体工商户的灾后重建任务，均属统规统建项目，难度大，任务重。

“思考的起点决定认识的高度。”群众安置组组长西都用他的这句座右铭来诠释他对建委会工作的认识。他说：“有68名干部日夜奋战在这里，但是，我们的故事不止68个。这是一个特别的故事，所有出场的人都是主角；这是一场特殊的战役，所有的参与者都是英雄。我们亲如一家，我们是68个兄弟姐妹。我们都有一个共同的愿望，就是重建结束以后不留下任何遗憾。尤其是我们这些从其它县来的人，要把全部的爱都留在这里。”

那是今年4月的一天早上，西杭建委会每天7点30分举行的晨会还没开到一半，人们就发现，正在布置当天工作的党工委书记马福良一边说着话，一边却捂着肚子在椅子上剧烈摇晃，头上全是汗水。大家强行把他送到机场，让他到西宁治病。医院查出的病是胆结石引起的胰腺炎，医院要求先消炎再手术，但是，第十二天他就回来了。伤口上裹着一块羊皮，说这样暖和。

西都在为西杭建委会创作的会歌中这样唱到：

“重建的玉树，架起七色的彩虹
广阔的草原，托起明天的希望
凝聚八方的力量，去重振江源新城
母亲河的召唤，我们奋斗在结古草原
啊！玉树，我们来了
你赋予我们神圣使命
啊！草原
勇敢向前
抹去记忆里的伤痛
让我们实现心中的梦想。”

西杭建委会所有的人都爱唱这首歌。家园的重建中，一种精神正在涅槃中升华。

在玉树的那些天里，我一直在约一个人，玉树藏族自治州州长王玉虎。按说，我们算得上是故人，十几年以前，我与他曾有过一次长谈。玉树地震后的头半个月里，几乎每天晚上，我都看到他披着一件棉大衣在指挥部的帐篷间忙碌的身影。虽然，没顾上说话，但每次遇见，都会点个头，算是打招呼了。可是，这次直到离开玉树，我也没能与他谋面。他每天都有忙不完的事，没工夫坐下来说话。

据他身边的一些工作人员介绍，他患有严重的糖尿病，脚掌已经脱了几层皮。这一年多来，他已经有多次晕倒在工作岗位上。作为灾后重建综合领导小组组长，他分管17个专项工作组的工作，所有工作都需要他统筹协调和落实。每天24小时连轴转都嫌时间不够，没时间休息，顾不上吃饭，长时间处于高度紧张的状态。因为出现低血糖，他常常一阵阵地冒虚汗。很多次会议上，人们注意到，会议结束时，所有的人都走了，他还坐在那里。一开始，人们还以为他想自己安静一会儿，后来才发现，原来他已经动不了啦。

那是去年底的全州金融工作会议上，会议开到中间，王玉虎才急匆匆赶来参加，刚坐下，就四处张望。他看到州政府秘书刘海坤就在不远的地方，就轻轻招手让他过去。走到跟前一看，那情景把刘海坤吓了一跳。只见他们的州长已经浑身冒汗，背上的衣服已经完全湿透了，全身都在发抖。王玉虎轻声道："糖……去给我找一块糖。"刘海坤急忙跑到门口买了两块奶糖，让他吃了，他才缓过劲儿来。

还有两个人，我不能不提及。一个是州委副书记文国栋，另一个是州纪委书记董晓琪。去年4月14日玉树地震，几乎是在得知地震消息的同时，他们还得到了一个确切的消息，恰巧在这个时候，他们已被组织上调任玉树，委以重任。尽管任命书还没有下达，但是，灾情就是命令。在这样一个特殊的时刻，既然已经得知消息，就不能再等正式的通知了。

4月16日，他们只身赶赴玉树，没有送行的队伍，也没有迎接的场面。因为有大批救援队伍与他们相继抵达，他们就像是两个志愿者，一到玉树就加入到抗震救灾的队列里，日夜奋战，一刻也不曾消停过。紧接着，就是灾后重建，日益繁重的任务不断压倒肩上，也从不曾有过丝毫的懈怠。

文国栋此前就患有胃溃疡，这一年多下来，溃疡更厉害了，人也瘦了许多。他的办公桌上、地上到处都放着成堆的药。州委副秘书长李生德说，他的每一天好像都是靠药物在维持。有天夜里11点，我看见他办公室的灯还亮着，就到他那里和他说话。他说，当晚他还要主持开一个重要的会议，没说几句话，我就出来了。那天晚上，到两点以后，他办公室里依然灯火通明。有好些天的夜里，我都留意过那几乎彻夜不灭的灯光；也有好些天的早晨，我留意过他没顾上吃早饭就出了门。他自己都很清楚，这对他的身体意味着什么。

董晓琪说的一句话发人深省："人活一辈子，肯定是要做事的，就看做啥事了。做好事，做善事，是一辈子；做坏事，做恶事，也是一辈子。能在一场大灾难中做点好事、善事，是莫大的荣耀，此生足矣。"

而另一个人所说的一句话则令人警醒："我不下地狱谁下地狱。"

说这话的人是玉树县人大常委会主任张国强。他是灾后重建征地拆迁领导小组的负责人，这个小组的其他成员包括玉树县法院院长、检察长、公安局长、纪委书记，还有一名县人大常委会的副主任。一看这一串名单，你就知道，这是一个怎样的团队了。毋庸讳言，在整个玉树灾后重建的大军中，这是一支特殊的力量，他们既是冲锋在前的先锋队，又是攻克难关的尖刀班。灾后重建是一项硬任务，而征地拆迁就是最硬的地方。哪里遇到阻力和困难他们就出现在哪里，用他们手中的权力去清除障碍。虽然，他们从来没有用手中的武器吓唬过群众，但是，坦率地讲，万般无奈的时候，他们确实强行拆除过一些建筑物。尽管，那些建筑物可能已经是废墟，可能还是非法建筑，拆除也是有法可依，但是，毕竟他们没有时间严格按照法律程序缓慢行事。

有很多时候，张国强冷静地想到，他们是不是因为自己执掌国家法律从而忽略过法律的尊严。当有人把唾沫吐到他们脸上，用最恶毒的言辞诅咒他们时，他感觉自己就站在地狱的门口。如果不是地震，如果不是灾后重建，他们早就成了被告。那么，灾后重建结束之后呢？他们会不会成为被告？张国强坦言："说不定会有很多人想把我们告上法庭。但是，我们别无选择。当下，我们最重要的使命就是保障灾后重建的顺利进行，让所有的受灾群众尽早走进新的家园。为此，即使成为'罪人'也不会感到遗憾。"

那么，他们会成为罪人吗？也许当所有的重建工程都完成了之后，当所有的承诺都变成了现实之后，这些人也许会忘记他们曾经遭受的委屈，而另一些人也许会因为玉树美丽的未来对他们心存感念，并在心里永远地原谅他们，就像仁慈的父母对待自己的孩子那样。因为，说到底，他们所做的一切都不是为了自己，而是为了玉树和玉树的父老乡亲。

玉树地震终将成为一段历史，而历史会见证一切。

尾　声

把梦和希望/把光明和微笑/都献给就要来临的明天

从玉树回来之后，我就有一个心愿，想把在玉树采访到的每一个人的故事都写进文字，告诉所有的人。但是，当我试图用文字讲述这些故事的时候，我才发现自己文字的苍白。即便如此，还有很多的人，我甚至还没有提到他们的名字，更不可能在这样一篇文字中一一展开叙述。就在这里有所罗列，请记住，这也只是一部分人的名字，他们是：丁显成、仁青才仁（另一个）、王勇、毛育生、王秀琴、江永俄色、胡居正、布尕、才仁丁沛、陈德杰、周洪源、李毅、更太……还有很多人的名字也应该铭记。当我回望玉树那片生命的高地时，这些人就像一座座雕像在那里傲然挺立。

震前的结古有一个广场，叫格萨尔广场。格萨尔是史诗中降妖伏魔、护佑黎民的英雄。广场上耸立着一座雕像，格萨尔身披铠甲骑在飞奔的骏马上，英武超绝。地震中结古几乎所有的建筑物都被夷为平地，惟格萨尔雕像安然无恙。玉树灾后重建的规划中不仅保留了这个广场，格萨尔雕像之下还要添加一个比原来更高大的基座。那样，一走进未来的结古，大老远你就能望见那一座雕像了。那是一座英雄的雕像，而未来玉树人的心里当有一群这样的雕像吧，是不是？

震后的玉树有一首歌曾响彻大地，那就是《献给就要来临的明天》。由吉狄马加先生作词、赵麟先生作曲的这首歌曾感动过无数的人。现在，就让我们在这首歌的优美旋律中为玉树的未来祝福：

我们不会放弃你
不会放弃生命的缘
这里的天空依然的蓝
这里的白云还在飘
不会放弃你
幸运的花是格桑花
最美的人是卓玛
有妈妈温暖的胸膛

把悲伤留给昨天
让我牵着你的手

把梦和希望
把光明和微笑
都献给就要来临的明天

我们不会离开你
生命里总会有奇迹
三江的水流来自天堂
巴塘的风吹进梦乡
不会离开你
吉祥的马是白骏马
康巴汉子叫洛桑
有世上最亲的草原

把悲伤留给昨天
让我牵着你的手
把梦和希望
把光明和微笑
都献给就要来临的明天

曾有过的幸福
失散了的羊群
就要回到我们的身旁
把悲伤留给昨天
让我牵着你的手
把梦和希望
把光明和微笑
都献给就要来临的明天

图书在版编目（CIP）数据

心迹话语/中国作家协会编. －北京：作家出版社，2013.6
ISBN 978－7－5063－6938－1

Ⅰ.①心… Ⅱ.①中 … Ⅲ.①散文集－中国－当代
Ⅳ.①I267

中国版本图书馆 CIP 数据核字（2013）第 125388 号

心迹话语

编　　者：中国作家协会
责任编辑：李亚梓
特约编辑：张绍锋
封面题字：尹汉胤
装帧设计：棱角视觉
图片摄影：张绍锋
出版发行：作家出版社
社　　址：北京农展馆南里 10 号　**邮编**：100125
电话传真：86－10－65930756（出版发行部）
86－10－65004079（总编室）
86－10－65015116（邮购部）
E－mail：zuojia@zuojia.net.cn
http://www.haozuojia.com（作家在线）
印　　刷：北京中科印刷有限公司
成品尺寸：152×230
字　　数：240 千
印　　张：18.25
版　　次：2013 年 6 月第 1 版
印　　次：2013 年 6 月第 1 次印刷
ISBN 978－7－5063－6938－1
定　　价：35.00 元
